KB168315

무작정
퇴사하지
않겠습니다

무작정 퇴사하지 않겠습니다

김경진 지음

그만둘까 조금만 더 버텨볼까
고민하는 직장인을 위한
본격 퇴사 준비서

팜파스

퇴사, 다시 길을 생각하다

"이 길이 내 길일까?" 퇴사를 고민하며 다시 길을 묻는다. 세상은 우리에게 지극히 이상적이거나 지극히 현실적인 이야기를 한다. 가슴 뛰는 삶을 위해 회사를 박차고 나오거나 그렇지 않으면 남들처럼 현실을 마주하며 살라고. 남들 다 가는 길로 가야만 살 수 있을 것 같은 세상에 떠밀렸다. 대안 없는 꿈에 나를 던지기에는 불안해서 여기까지 왔다. 나를 돌아볼 시간이 없었다. 이제라도 나를 찾아 떠나고 싶지만, 지금까지 해온 밥벌이를 포기하기란 쉬운 일이 아니다. 선택지는 둘 다 가혹하다.

직장인도 크게 두 부류다. 하나는 '보람, 희망, 꿈 따위 필요 없습니다. 많이 벌고 오래 일하면 최고죠. 일한 것보다 많이 주면 더 좋고요' 하는 현실파. 다른 하나는 '회사를 다니고 있지만 미래가 보이지 않아요. 자아실현을 하고 싶은데 현실은 너무 막막해요' 하는 이상파. 고단한 일터에서 밥벌이를 수행하는 것은 같으나, 고민의 포인트는 다르다. 이상파에게 현실은 넘기 힘든 장애물이고, 현실파에게 이상은 그저 뜬구름일 뿐이다. 직장인에게 일터와 꿈은 어울리는 조합이 아니다.

　나는 지독한 이상파였다. 회사는 전쟁터가 아닌 꿈터가 되어야 한다고 믿으며, 최고의 직업을 찾기 위해 한참을 방황했다. 결국 시원한 답을 얻지 못하고 일을 시작했는데, 하고 나서야 보이는 게 있음을 깨달았다. 운이 좋게도 헤드헌터와 컨설턴트로서 현실파를 많이 만났다. 참다양한 회사의 로비를 가본 것 같다. 그동안 혼자서 끙끙대던 질문에 새로운 답이 보이기 시작했다. 꿈의 직업으로 가기 위한 과정이나 종착지로서 회사가 갖는 의미, 그속에서 나와 비슷한 사람이 빠지기 쉬운 함정, 다른 성향의 사람들이 보강하면 좋을 것 같은 점들도 알게 되었다.

　"퇴사해도 될까?" 불합리한 연봉, 피곤한 인간관계, 고된 업무 등 퇴사해야 할 이유는 많다. 세상은 독립의 시대와 고용의 종말을 논하며 회사 인간의 가난한 마음을 부추긴다. 그럼에도 불구하고 당신이 아직 퇴사하지 말아야 하는 이유는 질문하고 있기 때문이다. 질문한다는 것은 확신이 없다는 것이다. 충분히 나를 돌아보지 않았고, 충분히 버텨보지 않았다. 일도 사람과 같아서 직접 경험해봐야 알고, 어느 정도 고비를 넘겨봐야 진가가 드러난다. 취업난에 휩쓸렸던 입사 때처럼 상황 대응에 급급하면 현명한 판단을 내리기 어렵다. 진짜 퇴사해도 되는 사람들은 질문하지 않는다. 그들은 조용히 준비를 마치고 자신이 원하는 시기에 미련 없이 회사를 떠난다. 선택권을 외부에 넘기지 말자. 조급할수록 여유를 두고 전략을 짜야 한다. 시간이 들더라도 당신이 주체가 되어 판단할 수 있어야 한다.

"언제까지 일할 수 있을까?" 일생 동안 우리는 직업 선택과 이직, 퇴사 과정을 반복하며 최고의 직업을 찾아간다. 길을 걸으며 종종 '이 길이 내 길인가?'를 묻지만, 길은 항상 당신의 것이다. 똑같은 길은 없다. 각자가 걷는 길에는 그의 땀이 묻고, 그의 색이 스며든다. 그것이 그의 브랜드다. 언젠가는 우리 모두 회사 없이도 밥벌이를 해야 한다. 회사는 홀로 설 힘을 키우는 공간이다. 회사 안에서도 창업이 이루어진다. 아이디어를 고안해내고 비즈니스를 창출하고 사람을 연결한다. 익숙함 속에 발견한 새로움이 창조다. 미래는 누구에게나 불안하다. 그러나 자신의 위치를 자각하고 어디서든 발휘할 수 있는 기본기를 닦아놓은 사람은 불확실성을 껴안고 미래를 이끌어갈 수 있다.

당신과 같이 고민하려고 이 책을 썼다. 퇴사 전 생각해봐야 할 것과 각자 나아가야 할 길에 대해 이야기를 나누고 싶었다. 때로는 답하지 않고 질문을 던질 것이다. 등을 긁는 시원함은 느끼지 못할 수도 있지만, 최종 답은 늘 당신이 쥐고 있음을 알아주기를 바란다.

일을 통해 자신을 성장시키는 과정에서 현 직장의 의미를 찾을 수도 있고, 떠나야 할 이유를 발견할 수도 있다. 이 책을 읽고 더 있어 보기로 했다면 이전과 다른 눈으로 당신의 일을 대할 수 있었으면 한다. 마지못해 억지로 하는 일이 아니라, 버티더라도 자연스러운 일이 되도록 하는 것이 이 책의 또 다른 목표다. 책을 덮으며 오히려 퇴사 의지가 확고해지는 사람도 있을 것이다. 그렇다면 본격적으로 퇴사 준비에 들어가기를 바란다. 학습할 것도 많고, 실천할 것도 많을 것이다. 새로운 직장에서 또다시 퇴사하고 싶어질 때 이 책을 떠올릴 수 있었으면 좋겠다.

여전히 계속되는 당신의 삶을 응원하며,
김경진

차례

5　　프롤로그　**퇴사, 다시 길을 생각하다**

1장

(회사만 들어가면 다 될 줄 알았는데)

이 길이 내 길이 아닌 걸까?

15　　천직이 있기는 할까?

24　　다수가 가는 길 vs. 나만이 가는 길

32　　좋아 보이는 일, 좋아하는 일, 잘하는 일

46　　좋아하는 일을 해야 할까? 잘하는 일을 해야 할까?

59　　쓸모없는 일은 없다

2장

(무작정 퇴사하기에 앞서)

회사 인간으로써의 '나'를 돌아보다

69　　내 안의 불안을 다스리는 법

83　　쉽게 얻으려는 욕심 버리기

95　　비교하지 않는 연습

102　　이력서에 적힌 한 줄 그 이상의 경험

112　　몸과 마음을 소진시키는 번아웃

3장

(아직 퇴사할 때가 아니라면)

조금만 더 버텨볼까?

125 고단한 밥벌이에 대한 단상
133 섣부른 결정은 후회를 낳고
145 나에게 집중하는 시간, 갭 타임Gap Time
152 슬기로운 조직 생활
165 끝날 때까지 끝난 게 아니다
172 떠나기 좋은 타이밍은 언제일까?
182 버릴 것은 버리고, 챙길 것은 챙기고

4장

(언제까지 일할 수 있을지 모르지만)

회사 안에서 앞날을 준비하다

191 일하고 싶어도 일할 수 없다?
196 문제는 적응력이다
204 일하는 방식 새롭게 디자인하기
210 '나'라는 브랜드를 키운다는 것

1장

(회사만 들어가면 다 될 줄 알았는데)

이 길이 내 길이
아닌 걸까?

어릴 적에는 욕심이 많아 공부 외에도 글짓기, 그림, 웅변 등 다방면에서 활동했다. 자신감 넘치던 그 시절 "네가 가장 잘할 수 있는 한 분야를 찾아 집중해라"는 충고를 해주신 선생님이 계셨다. 그땐 몰랐다. 선생님께서 말씀하신 '가장 잘할 수 있는 일'이 내 인생에 이토록 중요한 테마가 되리란 것을.

퇴사하고 싶은 마음이 스멀스멀 올라오고 있다면 다시 내가 '가장 잘할 수 있는 일'에 대한 질문을 던지고 있을 것이다. 이제 막 일을 시작하려는 경우가 아니더라도 살면서 우리는 자연스럽게 시작한 일과 여러 번 헤어지고 다시 만나기를 반복한다. 회사만 들어가면 끝날 줄 알았는데 '대체 뭐해 먹고살지?'란 고민은 나이가 들어도 계속된다. 지금껏 걸어왔지만 이 길도 내 길이 아닌 것 같다. 나의 길은 대체 어디에 있을까? 퇴사를 고민하며 다시 길에 대해 묻는다.

무작정
퇴사하지
않겠습니다

천직이
있기는 할까?

　모두에게는 '최고의 나'가 숨어 있다고 한다. 천직을 만났다는 것은 최고의 나로 일하고 있다는 뜻이다. 능력을 속속들이 발휘하고 잠재력까지 끌어올려 쓴다. 하지만 자신의 일에 100퍼센트 능력을 투여하는 사람이 얼마나 될까? 대부분은 능력을 아끼지 못해 안달이다. 일은 딱 월급만큼 해야지 더 하면 억울하다. 어차피 회사 생활 고생스럽기는 마찬가지고, 조건만 좋으면 언제든 이직할 거다. 그렇게 현실에 적응해서 나름대로 약게 사는데, 왠지 모르게 마음이 공허하다. 남 보기에 번듯한 회사를 다니고 승진을 해도 언젠가는 허무해질 것 같다. 잠재력을 발산

하며 내가 살 수 있는 최상의 삶을 사는 것은 모두가 바라는 이상이다. 말 그대로 꿈. 누가 열심히 하기 싫어 대충 일하나? 일생을 바쳐 헌신할 만한 재미있고 의미 있는 일을 찾아낸다면 얼마나 좋을까?

티베트 불교에서는 전생에 이루지 못한 선업을 잇기 위해 환생한 고승을 '린포체'라 부른다. 전생의 사원은 린포체에게 부모이자 고향과 같다. 천직을 찾는 것은 전생의 사원을 찾는 린포체처럼 내가 있어야 할 곳을 찾는 과정이다. 오리들 틈에 있으면 아름다운 백조도 미운 오리 새끼일 뿐이다. 괴롭힘을 피해 연못가를 떠나온 미운 오리 새끼는 자신이 하늘을 날 수 있음을 알고 나서야 백조 무리 속에 들어가 자유롭고 행복하게 산다. '내 자리는 어디일까?', '나는 누구인가?' 천직을 찾는 것은 나를 찾는 것과 같다. 철학적이고 거창한 질문이 따라올 수밖에 없다.

천직의 발견

천직은 좋아하고 잘하는 일이다. 고유한 정체성과 타고난 기질, 천부적 재능을 활용한다. 사명감 또한 주요한 요소다. 벽돌공이 자신의 일을 벽돌을 쌓는다거나 돈을 버는 행위가 아닌 아름다운 성당을 짓는 것으로 인식한다면 일에 의미와 목적의식을 가진 것이다. 세상을 더 좋은 곳으로 만든다는 생각은 만족감과 성취감을 높여준다. 좋아하고 잘하는 일이면서 가치 있는 일이라니, 많은 사람이 그 존재를 의심하면서도 천직을 찾으려 애쓰는 데는 이유가 있는 듯하다.

천직을 의미하는 단어 'vocation'은 '부르다'라는 뜻의 라틴어 'vocare'에서 유래했다. 단순한 직업job에서 나아가 신의 부름이라는 의미가 더해진 것이다. 어원처럼 어느 날 신이 나를 불러 "네 천직은 이것이다"라고 확실히 말해주면 좋으련만 그런 일은 좀처럼 일어나지 않는다. 그나마 천직의 힌트로 많이 거론되는 것이 '가슴 뛰는 일'이다. 부름은 신이나 사회적 요구와 같은 외적 요인뿐 아니라, 내적 성찰을 통해 발견되기도 한다.

그 일을 상상하면 가슴이 뛰고 하고 싶다는 것은 미래의 내가 보내는 신호다. 미래의 나와 현재의 나는 같은 존재다. 현재의 나는 하지 못할 것 같아도 가슴이 뛰고 하고 싶다는 것은 그 일을 할 수 있다는 증거다. 스티브 잡스는 마음과 직관은 하고자 하는 바를 알고 있다고 했다. 오프라 윈프리는 이 길이 맞는다는 것은 마음이 느낄 것이라고 했다.

문제는 내 안의 소리를 들어보려 해도 도대체 이 가슴이 뛰지를 않는다는 것이다. 누구나 가슴속에는 영웅이 산다는데 '내 안의 영웅'은 당최 깰 생각이 없다. 여유가 없다. 불확실한 가슴만 믿고 나를 찾아 떠나기엔 현실이 발목을 잡는다. 당장 취업난에 시달리고 먹고살기 급하다 보니 무턱대고 가슴을 따르란 말은 가혹하게 들린다.

가슴이 너무 자주 뛰어도 문제다. 내가 그랬다. 내 계획은 실패의 연속이었다. 책에 나오는 성공한 사람의 마인드는 대부분 나와 비슷하던데 말이다. 직관도 있고, 시대가 요구하는 감성도 풍부하고. 그러나 현실은 이상주의자, 노력 부족, 의지박약 등의 단어와 더 잘 어울렸다. 무엇이 문제일까? 사실 분석도 하지 않았다. 문제점에 대한 분석은 귀찮은 일이었다. '그저 잘될 것 같은데', '내겐 꿈이 있는데' 그것뿐이었다. 현실을 직시하라는 충고를 듣는 것은 큰 꿈을 품은 사람이 치러야 하는 대가라고 간주했다. 이상이 높은 만큼 지금은 늘 초라했다. 어디서부터 어떻게 풀어야 할까? 천직에 닿는 길은 심하게 엉킨 실타래를 보는 듯했다.

아무리 엉킨 실타래라도 삐져나온 끝부분을 잡아당기면 서서히 풀리기 시작한다. 결국 직업을 갖고 일을 하나

하나 채워가며 나는 꿈에 다가갈 수 있었다. 아무리 봐도 가까워지지 않던 별은 지쳐 더 이상 바라보지 않게 되어서야 조금씩 옆으로 다가왔다. 거창한 목표는 오히려 독이었다. 적당한 눈앞의 목표들이 꾸준히 행동하게 만들었다. **삶은 순간의 연속이다. 다음에 뭘 해야 할지는 먼저 뭘 해봐야 알 수 있다. 앞이 깜깜해서 아무것도 안 보이면 묻지도 따지지도 말고 일단 손에 쥔 것에 집중해야 한다.**

───── 영문학을 전공했습니다. 외국에서 살다 온 경험도 없고, 그 흔한 어학연수 한 번 간 적 없습니다. 그저 영어 시험에서 높은 점수를 받기 위해 공부한 게 다예요. 그러다 보니 영어를 특기로 내세워 취업할 자신이 없었습니다. 아무 회사든 어문계열이 지원할 수 있는 곳은 그냥 다 지원했죠. 그렇게 서류와 면접에서 탈락의 고배를 수십 차례 마신 끝에 중견 로펌의 사무직으로 취업했습니다. 신입 시절에는 워낙에 뭘 모를 때라 정신없이 일만 했는데, 2~3년차가 되고 보니 이렇게 일하는 것은 아무래도 아닌 것 같습니다. 전문성이 없다고 해야 할까요. 사무직이라서 다른 분야로 이직하기에도 애매하고요. 더 늦기 전에 뭐라도 배워서 전문성을 키워야 할 것 같은데…. 그저 하루하루가 막막할 뿐입니다. 어떻게 하면 나만이 할 수

막막한 이유는 멀리 보기 때문이다. 정면을 바라보면 눈앞의 현실이 보인다. 지금 하고 있는 일에서 자신과 잘 맞는 역할이나 더 강화하고 싶은 역량은 무엇인지 살펴보자. 영어 실력일 수도 있고, 인사 업무나 총무 업무가 될 수도 있다. 숨 쉬는 일도 신경을 써서 하면 운동이 되기도 하고, 치료가 되기도 하는 것처럼 똑같은 일이라도 심혈을 기울이면 실력도 늘고 재미도 생긴다. 단순한 일일수록 머리를 쓰고 개선점을 찾아 적용해본다. 나만이 할 수 있는 일은 회사를 그만두고 나를 찾아 떠났을 때보다 지금 여기서 찾기 시작했을 때 발견될 가능성이 크다.

하루하루 열심히 살다 보면 어느 순간 내가 원하던 모습으로 서서히 변해왔음을 알게 된다. 조용히 가슴을 흔드는 포인트를 만나고 그 지점에서 깊이를 더하며 성장할 것이다. 그러다 보면 나중에 '아, 이게 내 천직이구나'라는 생각이 들지도 모른다. 꿈을 이루기 위해 필요한 것은 지금 이 순간의 행동이다.

천직은 나의 가치관이 반영되어 삶과 조화를 이루는 직업이다. 꼭 일적으로 성공하고 최고의 성과를 내야 천직을 만났다고 할 수 없다. 여러 삶을 관찰하니 뒤늦게 보이는 것이 있다. 일 외에도 다양한 사람들과 교류하며 취미 활동으로 여러 가지 행복을 추구하는 삶의 가치다. 현실 속에서 내가 해야 할 일의 의미를 찾으며 다채로운 행복을 경험할 수 있다. '일과 삶이 하나 되는 것'은 일만 바라보며 시간을 많이 쏟는다는 의미가 아니라 '나다운 일이 주는 자연스러움'이다. 나는 내가 일을 사랑하고 즐기기를 바라지만, 삶이 일에 매몰되지 않기를 바란다.

처음 질문으로 돌아가볼까? 천직은 있다. 모두가 찾는 것은 아니라고 해도 모두가 찾기로 결심하고 꿈꿀 수는 있다. 결국 꿈을 이루는 사람과 아닌 사람의 차이는 사소하다. 꿈을 이루는 사람은 계속해서 꿈을 인식하고 산다. 높은 곳을 향하면 더 많은 것을 볼 수 있듯 꿈을 인식하고 살면 지금의 자리에서도 더 많은 것을 볼 수 있다.

무지개는 항상 멀리 있다. 가까이 보면 물방울이 엉겨 있을 뿐. 이제는 무지개가 아닌 물방울에 대해 생각해야 한다. 멀리 보이는 화려한 꿈이 아닌 때로는 치열하고 때로는 심심한 꿈. 당신이 천직을 만난다는 보장은 없다. 그러나 나는 당신이 지금의 자리에서 부지런히 물방울을 만들어가기를 바란다.

가끔 길몽에 관한 풀이를 보면 재운이 크게 증가하고 막혔던 일이 술술 풀린다는 이야기가 나온다. 기분 좋은 말이긴 한데, 뜬금없다는 생각이 들곤 한다. 대체 무슨 수로? 갑자기 복권에 당첨이라도 된다는 말인가? 복권을 사보기도 했으나, 내 경우 번번이 꽝이었다.

소원 성취를 한다는 그날은 복권처럼 전적으로 운에 달린 날이 아니다. 성실하게 쌓아올린 매일매일이 임계점을 넘어 터지는 날이다. 어떠한 현상이 서서히 진행되다가 작은 요인으로 한순간 폭발하는 것을 '티핑 포인트Tipping Point'라고 한다. 99도까지 잠잠하던 물은 100도가 되면 끓기 시작한다. 노력해도 달라지지 않은 인생이 답답하더라도 계속해서 서서히 온도를 올리다 보면 끓어오르는 지점을 만날 수 있다. 가스레인지에 올려놓은 물은 언젠가 끓게 마련이다.

성공에는 운이 따라줘야 한다는 말은 어느 정도 맞을지도 모른다. 성공한 이들은 하나같이 운이 좋았다고 한다. 하지만 그들의 또 다른 공통점은 운에 앞서 최선의 노력을 다했다는 것이다. 나는 운이 따라준다는 것은 예상보다 빨리 혹은 적당한 때 임계점에 다다른 것이라고 본다. 성공한 이들은 포기하기 전에 티핑 포인트를 맞은 것이다. 운이 늦으면 남보다 더 노력하는 수밖에 없다. 이것이 안 되면 저것으로 다양한 방법을 동원해서 노력해야 한다. 운명까지 바꿀 만큼 애쓰는데 임계점을 넘는 그날이 오지 않겠는가.

다수가 가는 길
vs.
나만이 가는 길

'어떤 일을 할 것인가?' 처음에는 크게 두 가지 길이 보인다. 다수가 가는 길과 나만이 가는 길. 예전의 나는 아무리 오래 걸리더라도 나만의 업을 찾겠다고 다짐했다. 현실을 핑계로 꿈을 밀어두는 것은 용기가 없는 것이라고 치부했다. 뉴스를 보면 시민을 인터뷰할 때 '○○○씨, 회사원'이라는 소개 자막이 나온다. 어릴 적에는 평범해 보이는 그 호칭이 싫었다. 회사원 외에 나를 설명할 수 있는 특별한 뭔가가 있기를 바랐다. 지금 생각하면 일종의 허위의식이다. 남들처럼 취업하면 경쟁 속에 뛰어드는 것이라고 간주했다. 꿈에 대한 열정 때문에 나만의 길을 선택했다고 믿었지만, 실은 같은 트랙에서 누군가를 비집고 선두에 설 자신이 없어 소수의 길을 찾았던 것 같다. 남을 좇으면 잘해도 2등인데, 그렇게는 2등도 할 자신이 없었다.

조급함에 남들을 따라 걸어왔든 나만의 길을 찾느라 오랜 시간을 돌아왔든 시작에 모든 의미를 부여할 필요는 없다. 본인이 만족스러운 일부터 시작해야 하는 사람이 있는가 하면, 좋아하는 일을 찾는 것 자체가 사치라고 느끼는 사람도 있다. 각자에게 더 맞는 길이 있을 뿐 정답은 없다. 처한 상황이나 가치관에 따라 선택하는 문제다. 시작은 공평하지도 완벽하지도 않다.

중요한 것은 길을 걷기 시작한 다음이다. 끊임없이 뭔가를 찾아 헤맸음에도 불구하고 나는 그렇게 싫다던 평범한 회사원의 모습을 하고 있었다. 인생이 특별하다거나 내가 특별해야 한다는 생각을 내려놓고 나서야 몸이 움직인다는 사실을 깨달았다. 고개를 들고 보니 내가 머리에만 꿈을 넣고 멈춰 있는 동안 그저 성실하게 오늘을 살았던 삶은 돈을 벌든 직급이 올라가든 조금씩 변화했다.

―――― 처음 회사에 들어갔을 때는 5년 후, 10년 후 비전 같은

것도 없이 그저 주어진 일을 잘하자고 다짐했습니다. 제가 욕심이 없는 사람은 아닙니다. 불안하기는 했지만 미래가 도저히 그려지지 않았어요. 답이 안 나오는 고민을 계속하며 에너지를 쓰느니 현실에 치열하게 몰입하자고 생각했죠. 어쩌다 보니 지금은 유명하다는 회사만 거쳐 안정적인 궤도에 올라 있습니다. 돌이켜보면 전공을 선택할 때도 그랬던 것 같아요. 무엇을 공부할지도 모른 채 점수에 맞춰 선택했음에도 불구하고 적극적으로 받아들이고 열심히 하면서 재미를 느꼈습니다. 이런 사실을 알고 나서 저는 더 이상 앞으로 뭘 할지 초조해하지 않습니다.

처음부터 계획하지는 않았지만 자신의 일을 꾸준히 해서 전문 영역을 만들어내고, 그것으로 사회에 긍정적 영향력을 미치는 사람들이 있다. 그들이 천직을 만나지 않았다고 볼 수 있을까? 이것이 '계획된 우연 이론'으로 설명된다는 사실은 나중에 알았다. 스탠퍼드대학의 크롬볼츠 박사는 성공한 사람 중 80퍼센트가 지금의 성공을 목표하거나 계획했다기보다는 그냥 주어진 현실 속에서 열심히 했을 뿐이라는 결과를 통해 계획된 우연 이론을 주장했다.

크롬볼츠 박사의 이론은 예측 불가능한 인생에서 우연을 기회로 바꿀 수 있는 조건들을 제시한다. 그중 하나가 변화하는 상황에 따라 언제든 계획을 수정할 수 있는 '유연성'이다. 인생은 계획의 영역이 아니라 대처의 영역이다. 삶은 언제나 생각한 대로 흘러가지 않는다. 앞날은 알 수 없다. 시험에 합격해서 합격자 모임에 가는 길에 사고가 날 수도 있고, 원하던 회사의 입사에 실패한 후 차선책으로 선택한 곳에서 최고의 인연을 만날 수도 있다. 게다가 나란 사람도 변수가 많다. 나이가 들면서 성향이 변할 수도 있고, 처한 환경이 달라질 수도 있다. 아무리 예측하려고 해도 절반만 열린 미래의 진로 문제에서 왜 그렇게 정답을 찾으려 묻고 고민했는지 싶다.

다수가 가는 길이 비겁한 길은 아니다. 가야 할 길을 모를 때는 남들이 좋다고 하는 길에서 시작하는 것도 괜찮다. 남들을 따라 하는 선택은 안정적이고 중간은 간다. 그러나 쉬운 길에는 사람이 많다. 쉬운 길은 알고 보면 쉬운 길이 아니다. 초반에는 '이게 내가 진정 원하던 삶이었나?'라는 의문이 생길 것이다. 이 의문에 답하는 과정이 자신만의 비전과 삶의 목표를 정의해가는 과정이다. 비전과 목표는 수정되고 다듬어진다. 잘나갈 때는 강점을 발견하며 성장하고, 잘나가지 않을 때는 천천히 돌아보며 성장한다. 그렇게 계속해서 길을 걸으며 내가 원하는 일의 모습을 찾아간다.

"부장님이 내 미래잖아. 저렇게 되기 싫으니 퇴사가 답이야."

윗사람을 보고 퇴사를 다짐하는 사람이 꽤 많다. 하지만 직장 상사가 당신의 미래는 될 수 없다. 부장님과 나는 똑같은 길을 가는 것이 아니기 때문이다. 지금이 아니더라도 언제든 새로운 도전을 할 수 있고, 회사에 남아 부장이 되더라도 다른 방식으로 일할 수 있다. 내 인생의 노선을 따르자. 아직 회사에서 얻을 만한 게 있다면 남아 있어야 한다. 종착지는 따로 정해져 있지 않다.

공무원이 되었든, 취업을 했든, 사업을 시작했든 어디서 출발하더라도 이후의 코스는 내가 짜는 것이다. 너도 나도 오르는 산을 끝까지 따라 올라갈 필요는 없다. 무작정 남을 따라 올라가는 삶은 정상에 올랐어도 충만하지 않다. 남이 간 길을 그대로 밟았더라도 나만의 고민이 묻어 있어야 하고, 나만의 의미가 있어야 한다.

다가오는 4차 산업혁명 시대는 수많은 새로운 가능성 속에서 세계와 협업하는 시대다. 정해진 짧은 코스에서 옆 사람과 하는 경쟁은 큰 의미가 없다. 규제와 형식은 중요하지 않다. 오히려 그것을 깨는 것이 나다움이고, 나다움을 고집할 때 차별화가 생긴다. 욕망에 충실한 코스를 짜고 어떤 길을 가더라도 나답게 가는 것이 미래 시대의 경쟁력이다.

다큐멘터리 영화 〈뚜르: 내 생애 최고의 49일〉에는 희귀암 말기 판정을 받고도 세계 최고의 자전거 대회 뚜르 드 프랑스의 완주를 꿈꾸는 청년이 나온다. 그의 목표는 챔피언이 아닌 전 스테이지 완주였다. 팀의 불화, 건강 이상 등 악전고투 속에서도 그는 계속해서 다음 스테이지를 향해 페달을 밟았다. 이제 고인이 된 그가 마침내 완주에 성공해서 울음이 터질 것 같은 얼굴로 감격에 겨워하는 모습. 꿈의 결과는 그 모습 이상도 이하도 아닐 듯하다. 끊임없이 자신의 가치를 만들며 각자의 작은 산봉우리를 오르는 것. 그것이 '최고의 길'의 정의가 아닐까?

길을 가다 보면 옆에서 달리는 사람들이 보인다. 각자의 길에서 잠시 겹쳐졌을 뿐이다. 함께 달리는 잠깐 동안은 챔피언이 목표가 될 수 있다. 하지만 최종 목표는 나의 길을 끝까지 가는 것, 즉 완주여야 한다. 챔피언은 언젠가 타이틀을 내려놓는다. 더 좋은 기록을 가진 사람이 나타날 것이다. 완주에서 타인의 기록은 상관없다. 나에 대한 성찰을 통해 최종 목적지를 정하고 그 길을 따라가면 달리는 과정에서도 만족을 얻을 수 있다. 이기는 데서 오는 성취감이 아니라, 최종 목적지에 다가가며 자신의 한계를 극복해가는 것 자체가 희열이다. 작은 봉우리에서는 그곳에 서 있는 사람 누구나 1등이다.

지금 하는 일이 맞는지 아닌지에 대한 고민은 계속될 것이다. 스스로 목표를 만들며 가는 길은 불안정하다. 그러나 나에게 최적화되었기에 자유롭다. 완벽하지 않은 길을 나에게 꼭 맞는 길로 채워가는 것, 불확실한 길에 확신을 불어넣는 것이 천직을 만나는 과정이다.

: SIDE NOTE

한 사람이 평생 동안 느끼는 고통의 총량은 모두 같다는 '고통총량균등의 법칙'. 세상은 공평하지 않다고들 한다. 적어도 눈에 보이는 순간만큼은 정말 그렇다. 하지만 시간이 지날수록 느끼는 점은 복도 쌓인다는 점이다. 바로 인과응보因果應報

다. 좋은 마음으로 남에게 베풀면 복이 되어 돌아오고, 악한 마음으로 남을 원망하듯 대하면 일은 더욱 꼬이게 마련이다. 지금의 나는 어제의 내가 만든 결과물로, 개인의 삶 전체를 놓고 들여다보면 하나하나의 삶은 공평하다. 보이는 부분을 놓고 타인과 비교하면 불공평해 보이지만 말이다.

지금 당신은 어느 길 위에 서 있는가? 좋은 생각과 좋은 행동이 좋은 인생을 이끌어간다. 지금의 내 행동이 미래의 나를 결정한다. 어디에 서 있든 스스로 정의한 성공을 이루기 위해서는 노력과 인내의 총량이 요구될 것이다. 그것이 각자가 느끼는 삶의 짐이라면 고통총량균등의 법칙도 수긍이 간다.

좋아 보이는 일,
좋아하는 일,
잘하는 일

퇴사하고 나면 다음번에는 반드시 좋아하고 잘하는 일을 하리라 다짐한다. 하지만 좋아하고 잘하는 일은 영원한 수수께끼 같다. 정확히 좋아하는 일, 잘하는 일이 뭔지도 모르는데 거기에 '내가' 좋아하는 일, 잘하는 일이라니 더 모르겠다. 사실 좋아하는 일과 잘하는 일의 구분은 명확하지 않다. 좋아하면 잘하게 되고, 잘하면 좋아하게 될 수도 있다. 이론이나 정의가 중요한 것이 아니다. 다만 예전의 내가 지겹게 고민했던 주제였고, 앞으로의 전개를 위해서도 좋아하는 일과 잘하는 일의 특징을 정리하고 넘어가야 할 것 같다.

좋아 보이는 일의 함정

드라마나 영화 속에는 정의롭고 카리스마 넘치는 의사나 변호사가 등장한다. 아름다운 주인공의 스토리를 보고 있으면 가슴이 뛴다. 나도 저 일을 좋아하는 것 같다. 사법 고시를 포기하기로 결심한 날, 인터넷 검색창에 '연극'이라고 쳤다. 그리고 다음 날 극단 파란소금의 배우가 되었다. 적성에도 안 맞는 법은 때려치우고 내가 정말 좋아하는 연극을 하고 싶었다. 그러나 밤새 무대를 만들고 작은 역할에도 영혼을 담는 선배들의 모습을 보며 내가 좋아한 것은 배우라는 직업의 일부분임을 깨달았다.

아나운서가 되고 싶기도 했고, 성우가 되고 싶기도 했다. 다 학원만 한 달씩 다녀보고 그만두었다. 국악 공연을 보고 한동안 아쟁 연주자가 되어 세계 무대를 누비는 상상을 하기도 했다. 자기계발 강의를 듣고 HRD 모임에 쫓아다니며 인사 업무가 적성이 아닐까 생각했지만, 취업 원서를 쓰는 일은 너무나 고되게 느껴졌다. 좋아한다고 믿었던 많은 일은 막상 경험하니 생각과 달랐다. 내가 좋다고 여겼던 것은 그 일의 극히 일부에 지나지 않았다.

좋아 보이는 일의 함정을 조심해야 한다. 특히 좋아하는 일을 해야만 하는 나 같은 성향이라면 더욱 그렇다. 경험은 좋은 것이지만 가능하면 소모적인 시행착오는 줄여야 한다. 다음의 특징이 보인다면 진정으로 좋아하는 일이 아니라, 좋아 '보이는' 일일 가능성이 크다.

첫째, 방법론에 집착한다. 잘할 수 있는 법(쉽게 하는 법)을 찾거나 계획을 세우고 수정하기를 반복하고 있다면 단순히 좋아 보이는 일이 아닌지 의심해야 한다. 정말 좋아한다면 어느 정도 위험을 감수하고 그 일에 뛰어들기 때문이다. 나는 사법 고시를 준비하려면 휴학을 해야 하는지, 교재는 뭐가 좋은지, 어떤 강의가 괜찮은지 알아보느라 시작부터 참 갑갑했다. 공부 장소를 정하느라 하루를 통째로 날려버리기도 했다. 다 필요한 고민들이라고 해도 이것 때문에 정작 공부를 하지 못한다면 문제가 있다. 공부를 안 하는 것이라고 봐야 한다. 어려울 것 같으니 미루는 심리다. 성공 가능성이 커서 하는 일은 똑똑한 선택은 될 수 있지만, 좋아하는 일은 아니다. 정말 좋아하는 일이라면 목표 달성법에 매달리는 것이 아니라, 그 일 자체에 집중해서 뭔가 실행하고 있어야 한다.

둘째, 과정을 견딜 자신이 없다. 보통 좋아하는 일로서 인정받고 경제적으로도 안정되기까지는 시간이 걸린다. 외부에서 보이는 것은 보통 그 일을 잘하고 있는 사람들의 모습이다. 실제로 그 일을 해보면 그 정도 성숙하기까지 시간이 필요하다는 점을 바로 알 수 있다. 그때까지 기다릴 수 있어야 한다. 좋아하는 일에도 하기 싫은 부분이 있다. 그리고 싫은 부분은 생각보다 많다. 좋은 부분은 누구나 꽤 한다. 일의 성공 여부는 하기 싫은 부분을 어떻게 해내느냐에 달려 있다.

하기 싫은 부분도 해야만 꿈을 이룰 수 있다. 과정을 사랑하라는 것은 일이 늘 즐거워야 한다는 의미가 아니다. 힘들더라도 어려운 과정을 기꺼이 견딜 각오가 되어 있어야 한다는 뜻이다. 정말 아끼는 사람이라면 부족한 부분도 감싸주고 싶어진다. 마찬가지다. 힘들고 어려운 부분도 감싸 안을 만큼 그 일을 사랑하는지 살펴봐야 한다.

셋째, 의심하고 질문한다. 어떤 일을 하기로 마음먹은 후 자기 자신과 타인에게 계속해서 질문하는 사람이 있다. "정말 해봐도 될까?", "내가 이 일을 하면 어떨 것 같아?", "합격하기 진짜 어렵다는데 과연 잘할 수 있을까?" 막상 주변에서 하지 말라고 충고하면 "그래도 하고 싶다"라고 대꾸한다. 정말 궁금해서 질문한다기보다는 확인받고 싶은 것이다. 해보고 싶지만 스스로도 의심스럽다. 그 일이 어렵다는 점을 미리 알려서 실패했을 때 충분히 그럴 수 있음을 자기 자신과 타인에게 합리화시킨다.

정말 좋아하는 일은 내면에서 원하는 일이다. 타인의 의견은 그리 중요하지 않다. 실패하더라도 계속할 테니 결국 해낼 것이라는 믿음이 있다. 주변에 조언을 구하는 것은 바람직하다. 그러나 정말 좋아하는 일이라면 할까 말까를 묻기보다는 그 일을 어떻게 하면 더 잘할 수 있는지 질문해야 한다.

보이는 부분만 믿고 미래를 결정하는 것은 위험하다. 직업은 보이는 것만으로 판단하면 안 된다. 좋아 보이는 일의 함정에 빠지기 전에 보이지 않는 부분을 가능한 한 세세히 분석해봐야 한다. 드라마 속 그럴듯한 직업에만 해당되는 이야기가 아니다. 하고자 하는 직무나 가고 싶은 회사가 있다면 최대한 구체적으로 알아봐야 한다. 실제로 그 일을 하는 사람이 어떻게 생활하는지, 어떤 업무를 담당하는지, 회사 분위기는 어떤지 이리저리 따져보자. 좋아 보이는 것일수록 힘든 부분이나 단점을 더욱 신경 써야 한다.

좋아하는 일에는 뭔가 특별한 것이 있다

'나는 원래 뭘 오래 하지 못하는 사람인가 봐.' 잠깐 불타올랐다가 쉽게 식어버리는 모습을 보며 한때는 끈기 부족을 탓했다. 시작할 때는 '이거다!' 하고 달려들었다가 어느 순간 '아, 이것도 아니었나 봐' 하며 축 처지는 나를 발견했다. 그런데 진짜 좋아하는 일을 만나니 드디어 나도 달라졌다. 육아로 바쁜 일상을 보내는 중에 자기계발과 관련된 동영상 제작과 글쓰기는 꾸준히 하고 있다. 하룻밤에도 몇 번씩 엄마를 찾는 두 아이의 방을 왔다 갔다 하며 작업한다. 매일 할 수도 없고, 특별한 기술도 없어 더디다. 당장의 생산성만 따지면 안 하는 편이 낫다. 예전 같으면 진즉 포기했을 것이다. 그럼에도 불구하고 계속하는 것은 좋아하기 때문이다. 정말로 좋아하는 일의 특징은 다음과 같다.

첫째, 나도 모르게 모으는 자료로 좋아하는 일의 힌트를 얻을 수 있다. 좋아하면 그냥 넘어갈 수 없다. 자연스럽게 찾아보게 된다. 자료를 모으다 보면 더 잘 알게 되고, 그것이 오래 쌓이면 전문가와 비슷해진다. 덕후가 인정받는 시대다. 마니아의 소비 패턴은 전체 소비를 선도하는 경향이 있다. 덕후는 주변 소비자들에게 전문가로 인정받기 때문에 그들의 소비 패턴과 의견은 기업의 마케팅 전략에도 영향을 준다고 한다. 마니아 수준은 아닐

지라도 좋아하는 것을 꾸준히 모으고, 한발 더 나아가 자료를 체계화하여 세상에 내놓으면 생각지 못한 기회를 만날 수 있다. 당신의 관심사를 눈여겨본 누군가로부터 좋은 제안을 받을지도 모른다.

당신이 자주 검색하는 키워드는 무엇인가? 휴대전화 캡처 앨범에는 어떤 사진들로 채워져 있는가? 활용하든 안 하든 블로그나 SNS 계정 하나쯤은 가지고 있을 것이다. 그곳에 자주 올리는 사진이나 자료는 어떤 것인지 살펴보라. **취미나 재능을 직업으로 연결시킬 수 있는 고리는 무궁무진하다. 좋아하는 것을 결합하여 새로운 직업을 만들 수도 있다.**

둘째, 계속한다. 좋아하지만 잘하는 일은 아닐 수 있다. 처음부터 순풍에 돛을 단 듯 잘되는 일은 거의 없다. 발전 속도가 더디거나 잘 해내지 못한다는 생각이 들면 그 일을 금세 그만두고 싶어진다. 그런데 정말 좋아하는 일은 포기가 안 된다. 부모님이 반대해도 하고 싶고, 세상 모두가 뜯어말려도 하고 싶다. 재능이 없어도 그만두기보다는 잘 해내려고 온갖 방법을 궁리한다.

나름 최선을 다해 일하는데 옆에서 더 잘하라고 하면 되레 더 하기 싫어진다(왜 청개구리 심보 있지 않은가). 이때

"어떻게 하면 더 잘할 수 있을까요?"라며 되묻는 사람이 있다. 그렇다면 그것은 좋아하는 일일 가능성이 크다. 영화 〈아이, 토냐〉에서 평생 피겨 스케이팅을 하지 말라고 선고받은 토냐는 차라리 감옥에 가겠다고 말한다. 실패가 두려운 것이 아니라, 더 이상 그 일을 못 하게 될까 봐 겁나는 것이다. 당신에게는 그런 일이 있는가? 어떤 일이 그런 의미를 지닐 수 있을까?

좋아하는 일을 하는 사람은 성공 가능성에 집착하지 않고 과정 자체에 몰입한다. 성공 확률이 높기 때문에 그 일을 선택한 것이 아니라, 쉽든 어렵든 (심지어 성공 가능성이 희박하더라도) 좋아서 하는 것이다. 생산성이 떨어지니 그만두라는 말을 들을지도 모른다. 하지만 노력 대비 결과라는 잣대를 들이대는 것은 지금 하고 있는 일에 대한 애정이 없는 것이다. 소중한 내 꿈을 위해 노력 좀 하면 어떤가. 일 자체를 좋아하는 사람은 결과가 멀게 느껴져도 쉽게 흔들리지 않는 뚝심을 가지고 있다.

셋째, 두 번째 특징에서 이어진다. '지속적인' 열정이라는 점이다. 처음에는 누구나 열정적이다. 어떤 일이든 새로움이 주는 설렘이 있다. 시작할 때는 미지의 분야이기 때문에 모든 것을 배우고 흡수하여 실력도 빨리빨리 늘

게 된다. 그러나 모든 성장 곡선에는 정체기가 있게 마련이다. 노력 대비 성과가 더딘 구간이다. 정체기의 시련은 벽처럼 느껴진다. 많은 사람이 높은 벽을 만나면 게임 레벨을 포기하듯 쉽게 돌아선다. 벽은 진짜를 남기기 위해 존재하는데 말이다. 벽은 당신이 그 꿈을 얼마나 이루고 싶어 하는지 알려주려고 있는 것이다. 정말 좋아하는 일인지는 벽을 만났을 때 알 수 있다.

넷째, 타인이 아닌 나의 만족을 위한 것이다. 인정받고자 하는 것은 인간의 본성 중 하나다. 하지만 외부의 시선을 의식한 '남부럽지 않은 직업'이라는 굴레는 과도한 경쟁과 의미 없는 비교를 만든다. 공부나 일의 이유가 '세상에 나를 증명하기 위해서!'라면 증명이 어렵다고 느낄 때마다 쉽게 무너진다. '부모님(자식)을 위해서'라는 꿈도 진짜는 아니다. 타인을 위한 꿈은 어쩔 수 없이 하는 일이 되기 쉽다. 억지로 하는 것은 한계가 있다.

물론 타인이 원하는 직업을 나도 원할 수도 있다. 부모님(자식)을 위한 꿈이 100퍼센트 나 자신의 목소리와 일치할 수도 있다. 그러나 단순히 그럴듯한 직업을 원하고 있다거나 누구 때문에 선택한 일이라면 내 안에서 원하는 일은 아닐지도 모른다. 정말 좋아하는 일은 진지한 내면의 목소리를 들어봐야 알 수 있다.

다섯째, 자기 주도적이다. 회사가 '자아실현의 장'까지는 아닐지라도 좋아하는 일을 하고 있으면 일의 주인은 내가 된다. 회사만을 위한 일이라는 생각이 들면 최대한 적게, 누가 시켜야만 하게 될 것이다. 성장이 더딜 수밖에 없다. 회사 일이 똑같을 것 같아도 결코 그렇지 않다. 좋아하면 관심이 생기고 호기심이 발동한다. 같은 일이라도 효율적으로 할 수 있는 방법을 고민하게 되고, 새롭게 시도할 거리를 찾는다. 이렇게 저렇게 남들이 미처 강구하지 못한 것들을 하다 보면 발전이 따라온다.

여기까지 읽으며 좋아하는 일을 해야겠다는 생각이 더욱 강해질 수도 있다. 하지만 중요한 특징이 하나 남았다. 지금 아는 것이 아니라, 나중에 깨닫게 된다는 것이다. 일도 나도 숙성이 필요하다. 5년이 걸릴 수도, 10년이 걸릴 수도 있다. 얼마 해보지도 않고 확신이 생기기를 바라면 안 된다. 일은 유기체다. 일은 살아 있어서 이런 모양 저런 모양으로 변화한다. 그러니 '이거다!'라는 확신이 없어도 부딪쳐서 해봐야 한다. 해보면서 그게 어떻게 바뀌는지, 내 삶과 어떻게 어울리는지 지켜보면 될 일이다. 하나일 필요도 없다. 여러 개가 만나도 된다. 그렇게 일은 나와 만나서 새롭게 탄생한다. 얼른 알아내서 빨리 성공하고 싶은 마음은 안다. 나도 그랬으니까. 그럴수록 조바심을 내지 말고 한 발 한 발에 집중할 수 있어야 한다.

누구나 잘하는 일은 있다

좋아하는 일을 하기가 어려워서 그렇지 잘하는 일을 찾기는 상대적으로 쉽다. "일을 왜 그렇게 하냐"는 부장님의 잔소리는 잠시 접어두자. 잘하는 일에는 절대적 기준이 없다. 그 일만 몇 년을 한 선배가 보기에는 부족해 보이더라도 그 일을 시작할 수 있었다는 것 자체가 잘하는 일의 기본 조건을 갖춘 것이다.

잘하는 일의 첫 번째 특징은 '지금'이다. 지금 해야 잘한다고 볼 수 있다. 성과가 잘 나오지 않거나 힘든 상황이 닥치면 과거에 잘했던 일이 떠오른다. '한때 내가 저건 좀 했었는데, 차라리 그걸 한번 해볼까?' 현재 하는 일이 적성에 안 맞는다는 생각은 퇴사 구실로 쓰기 딱 좋다. 하지만 그렇게 뛰어들었다가는 후회하기 십상이다.

"내가 원하고 잘하는 일인 줄 알았는데, 막상 해보니 아니더라." 상담을 하면 흔히 듣는 이야기다. 어릴 때 이것도 저것도 잘하면 성인이 되어서도 다 잘하리라 여기는 경향이 있다. 재능이 많을수록 한 가지 일에 진득하지 못하거나, 직업 선택에서 갈피를 못 잡는 경우를 종종 본다.

재능은 곧바로 잘하는 일로 연결되지 않는다. 직업 세계는 냉철하다. 다른 사람의 주머니에서 돈이 나오게 하려면 그 만큼의 가치를 제공해야 한다. 일만 잘한다고 되는 것이 아니다. 수익으로 연결시킬 만한 다른 조건들도 필요하다. '예전에 잘했으니 한번 해볼까?' 하는 정도라면 그 일로 먹고살 수 있을 수준이 되기까지 갈고닦는 과정이 있어야 한다.

두 번째는 '사회의 인정'이다. 일을 통해 사회 공동체의 요구를 충족시켜야 하며, 때로는 경쟁에서 선택되어야 잘한다고 볼 수 있다. 그러나 경쟁의 대상과 인정의 범위는 넓고 상대적이다. 일단 그 일로 밥벌이가 가능하다면 잘하는 일이 될 수 있다. 취업 경쟁률을 뚫고 회사에 들어간 것도 남보다 잘하는 뭔가가 있어서다.

좋은 스펙뿐만 아니라 취업에 유리하게 작용한 외모, 성격, 인맥 등도 잘하는 일로 연결될 수 있다. 편의점 아르바이트 중이라면 준수한 용모나 친절한 미소가 있을지도 모른다. 적어도 기본적인 계산은 할 줄 아니까 아르바이트도 하고 돈도 버는 것이다. 거기서 시작하면 된다. 직장인이라면 지금 하는 일 그대로다. 팀장에게 매일 깨지는 게임사 개발자라도 일반인이 모르는 게임 용어와 개발자 용어에 익숙하다. 공무원은 적어도 한글 문서 작성만큼은 웬만한 사람보다 잘할 것이다. 당신이 매일 하는 업무는 그것을 경험하지 못한 사람에게는 어려운 일이다. 경험과 시간이 더해지면 큰 힘이 된다.

세 번째는 '노하우'다. 경험과 지식을 체계화하는 기술이 더해지면 노하우가 생긴다. 노하우는 특정 기능을 수행하는 능력이다. 획기적인 방법이나 특별한 기술이 아니어도 괜찮다. '이 일은 내가 좀 알지' 하는 정도라도 노하우를 갖췄다고 볼 수 있다. 물론 노하우가 있다고 해서 그 일이 만족스러운 것은 아니다. 매너리즘에 빠지지 않으려면 잘하는 일도 더 잘하도록 계속해서 노력해야 한다.

네 번째는 '표출'이다. 한곳에 관심을 기울이다 보면 어느 순간 그 분야에 대해 견해가 생긴다. 자신의 고유한 경험과 어우러져 다른 의견도 제시할 수 있고, 비판도 가할 수 있다. '아, 이 이야기를 하려나 보다', '이런 상황은 그 이론과 연결되는 것이 아닐까?', '이 부분은 내 생각과 다르다' 등 받아들이고 흡수만 하는 수동적인 입장에서 발산하고 표출할 수 있는 능동적인 입장이 되는 것이다. 좋아하는 일이 잘하는 일이 될 수 있는 것도 이 지점이다.

지식을 받아들이고 소비만 하는 수준에서 지식을 생산하거나 전파하는 자로서의 역할 확대가 요구되는 시대다. 누구나 인터넷과 SNS를 통해 자신을 표현할 수 있다. 나의 경험과 능력을 세상에 표출할 기회가 많아졌다. 잠재된 능력은 표출될 때 직업으로서 가치를 지닌다. 자신의 관점으로 여러 지식을 습득하고, 이것을 자기 분야에 적용하여 또 다른 의미 있는 가치를 창출해내야 한다.

"나는 잘하는 게 없어요"라고 말하는 사람이 많다. 잘하는 것이 없어 시작할 수 없단다. 지금 당신도 잘하는 일이 있다. 좋아하는 일의 범위는 좁히는 것이 좋지만, 잘하는 일의 범위는 넓게 봐야 한다. '이것도 잘하는 일이었구나'는 불확실한 진로 문제의 방황을 멈추고 시작할 수 있는 토대가 되어주기 때문이다. 더 잘하는 일, 좋아하는 일을 만나기 위해 지금 할 수 있는 일을 해야 한다.

좋아하는 일을 해야 할까?
잘하는 일을 해야 할까?

좋아하는 일과 잘하는 일의 특징을 보았으니 이제 좋아하는 일을 할지 잘하는 일을 할지 결정할 차례다. 앞서 살펴본 대로 회사를 다닌다면 당신은 이미 잘하는 일이 있을 것이다. 그것을 현 직장에서든 동종 업계로 이직해서든 어떻게 더 잘하게 만들 것인가 아니면 새롭게 좋아하는 일을 시작해볼 것인가?

여기서 먼저 짚고 넘어가야 할 것이 있다. 바로 '내가 그리는 삶의 모습'이다. 자다가도 툭 일어나 노트북을 켜고 일했으면 좋겠다는 사람도 있고, 퇴근 후에는 일 생각은 전혀 안 하고 사는 게 최고라고 생각하는 사람도 있다.

날개가 탈 것을 감수하고서라도 태양 가까이 날고 싶은 사람도 있고, 잔잔하게 항해하며 하루하루 여유를 만끽하기를 원하는 사람도 있다. 전자는 좋아하는 일에, 후자는 잘하는 일에 어울린다. 각자의 가치관에 따라 원하는 삶의 모습에 맞춰 길을 걷기 시작해야 한다.

개인의 성장 자체가 일이라고도 볼 수 있지만, 그것과 사회적 성공은 또 다른 문제다. 일에서 꼭 흔히 말하는 성공을 거둘 필요는 없다. 삶의 다른 중요한 가치도 많다. 자신을 가장 잘 아는 사람은 본인이다. 누군가가 이렇게 살라고 할 수도 없다. 그러나 일에서 만족감과 충만함을 느끼고 싶다면, 아니 거기까지는 아니더라도 최소한 일하면서 괴롭지 않으려면(일이 괴롭지 않기가 왜 이리 힘든 것인지) 무엇을 시작하든 좋아하는 일을 잘하도록, 잘하는 일을 좋아하도록 해야 한다.

좋아하는 일을 해야겠다는 의지가 확고할 때

좋아하는 일을 찾기 위해 애쓰고 있다면 "제발 꿈 깨", "언제 철들래?" 하는 소리를 들을 수도 있다. 좋아하는 일은 찾기도 힘들지만, 찾았다 해도 한동안은 계속된 방황과 주변의 우려를 겪어야 한다. 보통 좋아하는 일을 하는 초반에는 온전한 직업으로 삼을 만큼 성숙하지 못한 경우가 많다. 꿈의 기준으로 삼았던 멋진 부분에 닿기까지 지난한 과정이 수반된다. 생각보다 오랜 시간이 걸릴 수도 있다. 스스로 생계를 책임져야 하는 상황이라면 좋아하는 일로 생활이 가능하기까지 다른 일을 병행해야 할지도 모른다. 부업으로 아르바이트를 하고 있다거나, 입지를 다지기 전까지 손해를 봤다거나, 자비를 들여 전시회를 연다는 등의 이야기를 한 번쯤 들어봤을 것이다. 좋아하는 일을 하면 늘 즐겁고 의욕에 넘칠 것 같으나, 그 일로 먹고살기 위해 노력하는 것은 결코 쉽지만은 않다. 그럭저럭 좋아하는 부분만 즐기며 하고 싶다면 취미로 남겨두는 편이 낫다.

무대나 공연이 좋다고 연극에 뛰어드는 사람이 많다. 무대 위에서 관객과 호흡하며 커튼콜 때 박수를 받는 것은 배우라는 직업의 일부에 불과하다. 보이지 않는 곳에서 무대를 손보고 밤새도록 역할을 고민하며 매일 똑같은 공연을 준비하는 시간은 배우의 더 큰 일상이다. 연극할 때 극단을 이끄는 선배가 나같이 이제 막 시작한 후배들을 모아놓고 한 말이 있다.

"내가 여기 있는 너희들 누구보다 이 일을 오래 할 거라고 자신할 수 있어."

당시에는 크게 수긍하지 못했지만, 나중에 보니 정말 그녀 말대로였다. 끝까지 남아 진짜 배우가 된 친구들은 많지 않았다. 좋아하는 일을 직업으로 삼기로 결심했다면 핵심 조건이 있다. 포기하지 않는 것. 열정보다는 '꾸준함'을 기억해야 한다.

좋아하는 일을 할지 잘하는 일을 할지 고민될 때

"아니! 그건 좋아하는 일이잖아. 좋아하는 일도 어차피 직업이 되면 팍팍해져. 취미는 취미로 남겨둬야지."

딸이 음악을 한다고 하면 시키겠냐는 내 질문에 친구가 단호하게 대답했다. 순간 여러 생각이 스쳤다. 찾기가 어려워서 그렇지 할 수만 있다면 좋아하는 일을 하는 게 최고라는 생각을 나도 모르게 하고 있었나 보다. 친구의 말이 신선했다. 그녀는 변리사 사무실에서 일한다. 변리사는 아니지만 업무 자체가 전문 영역이기 때문에 대체하기 쉽지 않을뿐더러 한 분야에서 오래 일한 만큼 일도 잘한다. 육아 휴직을 끝내고 복직을 준비하는 모습이 편안해 보였다. 친구는 전공을 살려 잘하는 일을 더 잘하게 만든 케이스다. 한동안은 대기업으로 이직할까, 변리사 자격증을 따볼까 고민하더니 지금은 자신의 일에 만족하고 있다.

"후배들 교육하다 보면 많이 듣는 이야기가 일이 적성에 안 맞는다는 거야. 대체 적성에 안 맞는다는 게 뭐지? 처음부터 회사에 너무 큰 기대를 하는 것 같아."

친구는 제대로 해보기도 전에 일을 포기하는 후배들이 안타깝다고 했다. 내 친구처럼 좋아하는 일은 직업이 되면 안 된다는 생각까지는 아니더라도 좋아하는 일과 잘하는 일 사이에서 고민 중이라면 좋아하는 일에 대한 확신이 없을 가능성이 크다. 이럴 때는 **당장 밥벌이에 유리한 잘하는 일을 직업으로 하면서 좋아하는 일을 부수적으로 계속 해나가는 것이 좋다. 회사를 다니며 어느 정도 적응하고 나면 시간을 내어 좋아하는 일을 조금씩 해본다.**

같이 일했던 컨설턴트 중에 뮤지컬 동호회를 통해 재즈 공연을 하는 친구가 있다. 법조인이 되고 나서 연극을 하는 친구도 봤다. 그들은 더 안정적인 길을 직업으로 선택했고, 좋아하는 것을 취미로 유지했다. 고시 공부를 때려치우고 무작정 좋아하는 연극에 뛰어들었던 나는 오래 못 버티고 그만둔 데 반해, 밥벌이를 따로 하면서 연극을 하는 친구는 나보다 꾸준히 했다. 재즈나 뮤지컬을 좋아하는 직장 동료가 그것을 직업으로 삼았더라면 아마 지금처럼 즐기면서 계속할 수는 없었을 것이다.

생업 외에 다른 것을 한다는 것이 쉽지 않을 수도 있다. 하지만 언젠가 좋아하는 일을 주업으로 하고 싶다면 다양한 방법을 동원해서 실력을 쌓아가야 한다. 직접 할 수 있는 기회가 있으면 참여해보자. 동호회에 가입하거나 관심 있는 주제로 블로그를 운영하면서 정보를 공유해도 좋다. 회사에 다니고 있으니 급할 것도 없다. 꾸준히 하다 보면 그 분야의 전문가가 되고, 좋아하는 일을 직업으로 삼을 만큼의 수준으로 도달할 수도 있다. 그때 일의 비중을 조절하는 것이다. 잘하는 일의 비중을 줄이고, 좋아하는 일의 비중을 늘린다. 많은 사람이 좋아하는 일이 생업이 되기 전까지 검증하는 단계를 거쳤다. 이렇게 시작한 제2의 직업은 가능성을 검증받고 시작한 일이기 때문에 실패가 거의 없다.

좋아하는 일과 잘하는 일을 찾지 못했다면

—— 이 시대에 살고 있는 대다수의 청춘들이 그렇듯 저도 좋아하는 일, 잘하는 일, 하고 싶은 일에 대한 고민으로 방황하는 중입니다. 하고 싶은 것도 없고, 잘하는 것도 뚜렷하게 보이

지 않아서 막막합니다. 남들은 잘만 찾아서 하는 것 같은데, 저는 왜 이렇게 힘든 것인지. 머릿속으로 계속 고민만 하고 있을 수도 없어서 일단 아무 일이나 시작해보지만, 얼마 못 가서 그만두게 되더라고요. 이런 악순환이 반복되다 보니 삶의 의미도 잃어버리는 것만 같습니다.

'남들은 잘만 찾아서 하는 것 같은데'라고 했지만, 남들도 다 비슷한 고민을 하며 살아간다. 청춘 상담소에서 청년들의 감정 상태를 조사한 결과 20대 청년의 60퍼센트가 '나만 뒤처진다'라고 답했다. 뒤처진다는 사람이 절반 이상이라는 것은 상당수는 정말 뒤처진 것이 아니라는 뜻이다.

힘든 시간을 보내는 그들에게 내가 할 수 있는 이야기는 나도 답이 안 나오는 질문을 반복하며 매일매일 괴로워했던 시기가 있었다는 것이다. 그래도 시간은 흐른다. 가만히 있는 것이 아니라면 떠밀려서라도 이런저런 경험을 하게 될 것이다. 그러다 보면 예전보다 버티며 하는 일도 생기고, 잘해보고 싶은 일도 만난다. 참을 수 없을 만큼 힘든 시간이 지나고 나면 고민과 방황이 나를 성숙하게 만들었다고 느껴지는 순간이 찾아온다.

다음의 사례는 직장인이든 사업가든 제2의 직업을 찾는 퇴직자든 누구나 언제고 마주할 수 있는 질문에 공통적으로 답하는 내용이 될 것으로 생각한다. 정도의 차이가 있을 뿐 누구나 하는 고민으로, 생각만으로는 답을 찾을 수 없는 질문이기에 늘 행동과 함께여야 한다. 원하는 일을 발견할 때까지 기다리지 말고 일단 지금 할 수 있는 일을 해보자. 어떤 식으로든 시작했다면 답이 보일 때까지는 그 일을 더 해봐야 한다. 여전히 모르는 상황에서 그만두면 또다시 막막해질 가능성이 크다.

―― 특성화고 전기전자과 2학년에 재학 중인 학생입니다. 요즘 진로 때문에 생각이 많습니다. 전기전자과는 4지망이나 밀려서 왔습니다. 그래도 1학년 때는 기초라서 그런지 학교 공부라든가 자격증이라든가 오기로 버티며 했는데, 2학년이 되니 그마저도 힘듭니다. 적성에도 안 맞는 것 같고요. 이대로 졸업할 때까지 계속해야 되나 싶습니다.

여기서 더 문제는 정작 제가 뭘 좋아하는지, 뭐가 적성에 맞는지 정말 하나도 모르겠다는 거예요. 학교에서 하는 각종 인적성 검사는 할 때마다 다르고, 한낱 종이로 저의 모든 것을 판단할 수 있을지 의문입니다. 진짜 너무나도 하고 싶은 게 없어요.

평소에 끈기도 자신감도 없어서 그게 뭐든 어려워 보이고 과정이 힘들 것 같으면 해보기도 전에 '이건 아니다' 하며 넘겨버리는 편인데요. 이런 상황에서 친구들은 자격증이네 취업이네 하며 자기 갈 길을 다져놓는 것을 보니 불안합니다. 관심 분야나 직업에 대해서 인터넷으로 열심히 찾아보기는 하는데, 막상 눈에 보이는 결과물은 하나도 없어요. 이런 제가 참 한심합니다. 저는 어떻게 해야 할까요?

하고 싶은 게 없다는 것은 잘못이 아니다. 오히려 하고 싶은 게 있는 사람은 적고, 하고 싶은 일을 직업으로 삼은 사람은 더 적다. 좋아하는 일을 발견하기가 어려운 탓에 사람들 대부분은 그저 주어진 일을 한다. 게다가 평소에 끈기도 자신감도 없다고 했지만, 끈기와 자신감 자체가 없는 사람은 없다. 잠재된 끈기와 자신감을 얼마나 발휘하느냐의 문제다. 다만 사람마다 성향이 달라서 주어진 모든 일을 잘해보려고 노력하는 사람이 있는가 하면, 좋아하고 확신이 드는 일을 해야만 끈기와 자신감이 발휘되는 사람이 있을 뿐이다. 사례의 주인공은 후자에 속한다고 할 수 있다.

변화의 필요성을 느끼고 적성과 진로를 고민한다는 것

만으로 노력하고 있는 것이다. 인적성 검사도 해보고, 관심 분야나 직업을 알아보지 않았는가. 눈앞에 닥친 현실에 쫓겨서 혹은 안주하는 게 편해서 적극적으로 미래를 고민하지 못하는 사람들도 있다.

전공도 회사도 지금 있는 곳이 1지망이 아닌 경우는 허다하다. 1지망으로 들어왔어도 마음에 안 든다는 사람 또한 많다. 새롭게 다른 선택을 한다고 해서 후회하지 않으리라고 누구도 장담할 수 없다. 자기 갈 길을 다져놓는 것 같은 친구 중 전기전자 분야가 진짜 나의 적성이고 좋아하는 일이라고 확신하는 친구가 몇 명이나 될까? 전기전자과에 들어왔으니 내가 할 공부와 실습을 하며 실력을 쌓아가는 것일지도 모른다. 그러다 보면 그 속에서 재미있는 부분을 발견할 수도 있고, 실력이 향상되는 것 자체에 보람을 느낄 수도 있다. 주어진 현실에서 힌트를 찾아봐야 한다.

취업 준비를 하며 뭘 해야 할지 몰라서 어디서나 쓰는 컴퓨터와 영어를 공부한 사람이 있다. 대신 별다른 것을 못 찾았으니 열심히 파고들었다. 지금은 영어와 컴퓨터를 같이 활용하는 특별한 기술 덕분에 파격적인 대우를 받으며 일하고 있다.

당장 뚜렷한 답이 보이지 않는다면 막연한 진로에 대한 고민은 멈추고 지금 할 수 있는 일에 더 집중해보자. '이거 정말 싫어' 하는 경험도 나중에 진짜 좋아하는 일을 찾는 데 자료가 될 수 있다. 각종 분석과 검사만으로는 그것을 발견하기 힘들다.

어쩌면 나에게 맞는 완벽한 직업을 찾기란 거의 불가능한 일일지도 모른다. 좋아하고 잘하는 일이 무엇인지 알기도 어려운데, 그와 잘 연결되었다고 생각한 직업이 실제로 내가 생각한 모습과 같기는 더 어렵다. 밖에서 본 직업과 안에서 직접 경험한 직업은 다르다.

나는 좋아하고 잘하는 일을 치열하게 고민한 끝에 헤드헌터라는 직업을 찾아냈다. 그런데 일을 해보니 영원할 것 같았던 원하는 일의 모습이 바뀌었다. 채용 외 부분에 관심이 생겨 인사 컨설턴트가 되었고, 인사 외 전략도 담당하게 되었다. 결혼 후에는 커리어 컨설팅이나 전반적인 진로 설계에 관심을 갖게 되면서 직업상담사 자격증을 땄다. 동영상을 통해 일과 삶에 대해 이야기를 나누는 일을 시작했고, 책도 쓰게 되었다. 헤드헌터를 하지 않았으면 몰랐을 일이고, 얻기 힘들었을 기회다.

좋아하는 일을 찾을 때 주의할 점은 그것이 나타날 때

까지 '시험 삼아' 반복만 할 수 있다는 점이다. 맞지도 않는 일을 무작정 붙잡고 있을 필요는 없지만, 숙성이 되기도 전에 찔끔찔끔 이직과 포기를 반복한다. 어쨌든 경험은 쌓이니 이것은 그나마 낫다. 더 안 좋은 것은 고민만 하느라 아무것도 못 하는 것이다. 많은 사람이 일은 힘들고 괴로운 것이라는 고정관념을 갖고 있는 듯하다. 좋아하는 일을 찾는다는 핑계로 시작하기를 미루거나, 지금의 일에서 벗어나고자 한다.

좋아하는 일 찾기에 매달리지 말자. 모르겠다면 잘하는 일의 범위를 넓혀 조금이라도 할 수 있는 일을 잡고 거

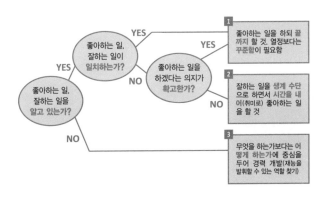

좋아하는 일과 잘하는 일에 따른 커리어맵

기서부터 시작하자. 뭔가를 새로이 찾으려 하지 말고 지금 내가 할 수 있는 일에 시간과 노력을 들이는 것이다. 잘하는 것을 더 잘하도록 만들다 보면 기회가 찾아온다.

똑같은 일을 하더라도 누가 하느냐에 따라 다른 것은 일의 '내용'보다 일하는 '방식'이 주요한 역할을 하기 때문이다. 벤저민 프랭클린은 자신이 중요하게 생각하는 가치인 진실성, 성실성, 도덕성을 지키기 위해 매주 세 가지 품성 중 하나를 정해 집중적으로 닦았다고 한다. 그가 정치가, 외교관, 과학자, 저술가, 신문사의 경영자 등 다양한 분야에서 뛰어난 업적을 남긴 것은 결코 우연이 아니다. 문제는 어떤 일을 하느냐가 아니라 어떻게 일하느냐다. 완벽한 일 찾기에 대한 집착에서 벗어나 용기 있게 선택하자. 그 안에서 일하는 방식을 가다듬고 자신이 중요하게 여기는 가치를 적용시켜 나가는 게 더 나은 방법이다.

쓸모없는
일은 없다

어른에게 불쑥 꿈을 묻는 것은 실례다. 꿈에 대한 질문을 받으면 사람들 대부분은 난색을 표한다. 나에게는 도리어 질문한 사람을 살짝 난처하게 하는 오래된 꿈이 있다. 삶 자체로 누군가에게 희망의 증거가 되자는 꿈. 대학 입학을 앞둔 1999년 겨울, 안방구석에서 서진규 박사의 《나는 희망의 증거가 되고 싶다》라는 책을 읽었다. 제목 그대로 그녀의 이야기에서 나는 희망을 보았다. 그리고 희망을 꿈꿨다.

거기서부터 문제였다. 희망의 증거가 되기 위해서는 반짝반짝한 뭔가가 있어야 할 것 같았다. 웬만한 일은 다시시해 보였다. '그래. 폼 나게 사시를 보자.' 법대에 다니던 때 수업의 일환으로 변호사 사무실에 방문할 기회가 있었다. 잘나가는 변호사라고 들었는데, 솔직히 실망이었다. 건물 한 층 방 두 칸의 사무실에는 책상도 많지 않았다. '내가 이러려고 고시를 보려고 하나?' 밤에 잠이 안 왔다. 그런 자세로 시험을 봤으니 결과도 뻔했다. 그 시절 나는 얼마나 철이 없었는지 지금 생각하면 얼굴이 화끈거릴 정도다.

멋져 보이는 일들도 살짝 발끝을 담가보면 별것 아닌 것처럼 느껴졌다. 노력은 제대로 하지도 않으면서 환상만 가득할 뿐이었다. 드라마틱한 역경 극복 스토리를 만들거나 불굴의 의지를 발휘하기에 내 능력과 의지는 항상 모자랐다. 실패인지 뭔지도 헷갈리는 실패를 계속하며 혼자서 우는 날이 많아졌다. 대답 없는 꿈이 답답했다.

"역사책에라도 나오기를 원하는 거야?"

늘 2퍼센트 부족함을 느낀다는 내게 친구가 했던 말이다. 희망의 증거라는 '헛바람'만 없었더라면 이렇게 긴 시간 방황하지 않아도 됐을지 모른다. 언제부턴가 꿈이나 희망 같은 막연한 단어에 거부 반응이 일어났다. 꿈에 설레던 19세 소녀는 그렇게 꿈을 원망하는 29세 직장인이 되었다.

"대리님이 제 희망이에요. 여기 그만두고도 싶고, 고민도 많은데요. 대리님 믿고 다니는 거예요. 대리님이 다니는 데는 그만한 이유가 있는 것 같아서요."

퇴근길 낮에 들었던 후배의 이야기를 떠올리며 묵혀두었던 꿈을 기억해냈다. 누군가에게 희망의 증거가 되는 삶. 그거였다. 조그맣게 가슴이 뛰었다. 꿈은 그렇게 거창한 것이 아니라는 점을 그제야 깨달았다. 옆자리에 앉아있는 동료에게도, 엘리베이터에서 만나는 중학생에게도 희망의 증거가 될 수 있었다.

'내가 이런 일을 할 사람이 아닌데', '더 이상 회사의 부속품으로 살 수 없어!' 지금 하는 일이 하찮아 보인다며 퇴사를 결심하는 사람이 꽤 많다. 하지만 일을 한다는 것은 그 자체로 큰 의미를 지니고 있다. 직업 활동의 전통적 특징 중 하나인 '사회성'은 사회적인 기여를 전제 조건으로 한다. 일을 한다면 어떤 방식으로든 타인과 사회에 기여하고 있는 것이다. 예를 들어 자동차를 만든다고 가정해보자. 능숙한 사람이 혼자서 뚝딱하고 만드는 게 아니다. 부품 연구원, 엔진 기술자, 디자이너 등 수많은 손길을 거쳐 한 대의 자동차가 탄생하고, 누군가의 생활에 편리함을 제공한다. 라면 한 봉지, 영화 한 편도 마찬가지다. 어떤 제품과 서비스도 한 사람의 힘으로는 세상 밖에 나올 수 없다. 당신은 어떠한 일로 타인과 세상에 기여하고 있는가?

우리는 모두 평범하면서도 특별하다. 우주의 티끌만큼 작은 세상의 일부이지만, 한 명 한 명 매우 존귀한 존재다. 생각해보면 인류 역사상 위대한 계획은 어느 한 사람의 힘으로 이루어지지 않았다. 거기에 참여하는 수많은 이름 모를 사람의 수고와 노력이 있었기에 가능했다. 모든 지식은 다 빌린 것이다. 혼자서 창조해낸 것은 없다. 주석 없는 논문이 없고, 타인이나 환경의 영향을 받지 않고 생겨나는 예술품이 없다. 내가 말하고 쓰는 모든 것은 내 것이 아닌 것으로부터 왔다. 보이지 않는 누군가의 손길이 있었다. 나는 꿈을 수정할 수밖에 없었다. 타인과 사회 속에서 반짝거리는 것의 일부가 되기로.

크든 작든 꿈의 크기는 중요하지 않다. 법륜 스님은 '연구하고 노력하면 원願(바라는 것을 얻는 힘)이요, 노력하지 않으면 욕심'이라고 했다. 목표를 세워 꾸준히 하고 있다면 모두 원이라는 것이다. 한 번에 할 수도 없고, 모두를 만족시킬 수도 없다. 세상 모든 일이 나와 연관된 것도 아니며, 내가 다른 사람을 바꿀 수도 없다. 많은 시간과 노력이 쌓여 타인의 삶에 아주 작은 영향을 미치는 것. 그것으로 충분하다.

나를 필요로 하는 곳이라면

소명은 내가 원하는 곳이 아니라, 나를 필요로 하는 곳을 택하는 것이라고 한다. 타인에게 희망을 전하고 싶다는 꿈은 진정으로 타인을 위한 것일까 아니면 내 성공을 위한 것일까? 한때는 의문이 들었지만, 더 이상 그런 고민은 하지 않기로 했다. 내 성공을 위한 꿈을 욕망해도 괜찮다는 것이 내 결론이다.

인간은 자신이 쓸모 있는 사람이라고 느낄 때 만족감과 행복을 느낀다. 회사를 위해서는 한 톨의 희생이 아깝던 나지만, 세상의 누군가에게 도움이 될지도 모르는 일이라고 생각하니 뭐라도 더 하고 싶다. **우리에게는 타인의 삶과 사회에 기여하고자 하는 욕망이 있다. 나와 조직을 넘어 '누군가를 위해서'가 되면 계속해서 일할 힘이 생긴다.**

고대 이집트에서는 사후 세계를 믿었는데, 천국의 입구에서 신이 두 가지 질문을 한다고 한다. '삶의 기쁨을 찾았는가?', '다른 사람에게도 기쁨을 주었는가?' 대답을 잘해야 천국으로 들어갈 수 있다. 당신의 일에 대해서도 같은 질문을 던지고 싶다. '일에서 기쁨을 찾았는가?', '당신의 일은 다른 사람에게도 기쁨을 주는가?' 일은 타인을 향한 선한 행동이다. 나의 헌신과 노력이 누군가의 삶의 일부가 된다는 것은 멋진 일이다. 그래서 나는 일이 좋다. 모든 일이 귀하다.

아주대학 심리학과 김경일 교수도 행복과 창의를 모두 가능하게 하는 조건으로 인간의 '이타성'을 꼽았다. 지금까지 우리 문명은 이타적인 사람에게 두 번째, 세 번째 기회를 주어왔다. 수많은 역사학자가 말하듯 결국 살아남은 자들은 검투사가 아니라, 검투사에게 박수를 쳐준 원형 경기장의 힘없는 사람들이다. 흔적을 남긴다는 것은 역사책에 이름 석 자가 떡하니 등장하는 것을 의미하지 않는 듯하다. 명예도, 권력도 한 사람의 것은 시간이 지나면 잊힌다. 어차피 영원히 기억되는 것은 없다. 내가 세상에 없을 때 나를 기억하는 누군가가 있다면, 내가 힘을 기울인 무언가가 누군가의 삶의 일부가 되어 있다면 그것이 우리의 흔적이지 않을까?

가끔 TV를 보면 모든 과정에 시간과 공을 쏟는 달인의 모습이 나온다. 기가 막히게 칼을 잘 가는 사람, 구두 닦는 것으로는 자타공인 최고인 사람, 대충 잡아도 양을 정확히 맞추는 사람 등 '저렇게까지 할 필요가 있을까?' 싶은 사소한 것에까지 신경을 쓴다. 작은 일을 소홀히 하는 사람은 큰일을 잘할 수 없다.

일에 대한 마음가짐을 바꾸면 똑같은 일도 한순간에 달라지게 만들 수 있다. 변화경영 연구소 구본형 소장은 맡겨진 일에 집중하고 이 일을 가장 잘하는 사람이 되려고 애쓰는 순간 투덜대고 풀이 죽어 있던 생활에서 벗어났다고 말한다. 사람들은 그가 하는 일의 종류가 아닌 그가 일을 대하는 자세를 통해 자극과 감동을 받는다. 알아주는 이는 반드시 생기게 마련이다.

2퍼센트의 갈증은 노력 이상의 것에 대한 욕심과 허황된 것을 향한 바동거림이었다. 당장 취업하려는 자리나 오늘 내가 하는 일은 작아 보일 수 있다. 하지만 작은 일에 대한 정성이 나와 세상을 변화시킨다. 이제 나는 평범한 모두가 특별한 누군가가 될 수 있음을 믿는다.

2장

(무작정 퇴사하기에 앞서)

회사 인간으로서의 '나'를 돌아보다

취업할 때 궁금한 것은 '회사'와 '일'이다. 극심한 취업난에 원서 넣기도 바쁜데, 당장 답이 나오지 않는 '나'에 대해서는 깊이 생각해볼 여력이 없다. 일에 대해 유난스러웠던 나도 그랬다. 삶에 어마어마한 부분을 차지하게 될 일을 정말 잘 고르고 싶었다. 대학 1학년 때부터 4학년이 듣는 취업설명회에 참여했고, 전문직 선배가 와서 취업 강의를 한다고 하면 따라가 들었다. 나와 잘 맞는 일을 찾겠다는 목표에서 맞춰야 할 대상은 '나'인데, 그저 보편적으로 좋은 일에 대해 알아보고 있을 뿐이었다.

퇴사할 때도 마찬가지다. 회사에 대한 불만, (매번 부딪히는) 상사 및 동료에 대한 분노, 더 나은 조건 등을 곱씹기에 앞서 '나'를 돌아봐야 한다. '나'는 일에서 만나는 수많은 문제를 푸는 해결의 실마리다. 고단한 일터 안에서 지칠 대로 지쳐 나아가기 힘들다면 잠시 숨을 고르자. 다른 누구도 아닌 '나'를 위해서.

무작정
퇴사하지
않겠습니다

내 안의 불안을
다스리는 법

먹고사는 일은 결코 쉬운 것이 아니다. 일이라는 이름 뒤에는 종종 불안과 상처가 숨어 있다. 몇 날 며칠 계속되는 야근에도 불구하고 줄어들지 않는 업무, 누구를 만족시키기 위한 것인지도 모른 채 올려야 하는 결재 서류, 끝도 없이 이어지는 회의, 그 와중에 거래처 요구 사항은 물론 상사 비위 맞추기 등으로 정신없는 하루를 보내고 간신히 퇴근길에 오를 때면 별의별 생각이 스친다. '아, 오늘 하루도 무사히 버텼다', '나만 이렇게 회사 생활이 힘든 건가?', '이직해도 별반 다르지 않겠지?'

—— 상사에게 모욕적인 말을 듣거나 동료가 나를 무시한다는 기분이 들 때면 마치 잉여 인간처럼 느껴집니다. 사람도 다 싫고, 아무것도 하고 싶지 않습니다. 잠시 숨을 고르려고 건물 옥상에 올라갔다가 그냥 뛰어내려 버릴까 생각한 적도 있습니다. 이런 제가 어떤 일을 저지를지 몰라 무섭습니다.

죽고 싶은 심정이라는 이 글에 많은 사람이 공감을 표했다. 퇴근 후 집에 오면 누워 있기만 한다는 사람, 계속된 무기력에 삶이 우울하다는 사람, 내일 아침 출근할 생각에 밤새 뒤척인다는 사람 등 적지 않은 직장인이 과중한 업무 스트레스와 골치 아픈 인간관계, 고용 불안 등으로 괴로워한다. 회사 생활은 녹록지 않다. 당신만 그런 것이 절대 아니다.

불안은 안정을 추구하는 인간의 본능에 근거한 것으로 당연한 감정이다. 다만 현대인들이 더 불안한 이유는 과거보다 긴장이 높은 상태에서 일하고, 완벽을 추구하려 하며, 무엇보다 불확실한 시대에 살고 있기 때문이다. 우리는 더 예민해져 있다. 특별한 이유도 없는데 괜스레 짜증이 난다. 과민하게 반응하고 누군가 살짝만 건드려도 상처를 받는다.

전문가들은 극도로 불안한 상황에 압도되었을 때는 변화보다는 시간을 주어야 한다고 말한다. 불안을 줄이기 위해서는 잘 먹고 잘 자고 휴식을 취하는 것이 중요하다. 긴장을 줄이는 운동과 명상도 도움이 된다. 어느 정도 긴장을 조절할 수 있게 되면 생각을 변화시켜 행동을 바로 잡는다. 상황을 익숙하게 만드는 노출 훈련으로 불안을 줄일 수 있다. 상사에게 모욕적인 말을 들은 후 출근하기가 겁난다고 해서 피하기만 하면 불안을 줄일 기회조차 사라지는 셈이다. 계속 부딪쳐서 상황을 익숙하게 만들어야 한다.

불안은 없애는 것이 아니라 다스리는 것이다. 불안한 상황과 마주쳤을 때 삶의 태도를 서서히 변화시킴으로써 내 안의 불안을 조절할 수 있다. 삶에 대한 예측성이 높아질수록 불안은 감소한다. 너무 먼 미래를 바라보지 말고 생각을 단순화해보자. 불완전한 상황은 통제하려 하지 말고 흘려보낸다. 삶은 원래 불완전하다. 나는 완벽할 수도 없으며, 완벽할 필요도 없음을 인정해야 감정의 그릇이 넓어진다.

다행히 부정적이고 소극적인 생각에서 벗어나 웅크린 자세를 펴고 걸어 나오면 또 다른 세상이 보인다. 내적으로 강하고 평온한 사람은 삶에서 만나는 장애물을 유연하게 뛰어넘을 수 있다. 그들은 일이 주는 기쁨 또한 자주 맛본다. '세상을 살아가는 데는 오직 두 가지 방법밖에 없다. 하나는 아무것도 기적이 아닌 것처럼, 다른 하나는 모든 것이 기적인 것처럼 살아가는 것이다.' 알베르트 아인슈타인의 말이다. 이상주의자처럼 보인다고 해도 후자를 택하고 싶다. 설령 삶이 공평하지 않다거나 불합리하다고 하더라도 피해의식에 사로잡혀 당하고 있을 수만은 없다.

잃어버린 자존감 되찾기

대개 퇴사를 결심하는 결정적인 이유는 사람이다. 좀 더 구체적으로 살펴보면 사람의 말이다. 장자의 〈인간세 人間世〉를 보면 간사스럽고 편파적인 말이 사람의 분노를 산다고 한다. 지나친 아부와 지나친 비판이 난무하는 회사 안에서 때때로 내가 분노했던 것은 어쩌면 당연한 일이었는지도 모른다. 각자의 밥그릇이 걸린 일터에서 바른 말 고운 말만 오가는 아름다운 세상을 기대할 수는 없다. 덜 분노하고 덜 상처받도록 더 단단해지는 수밖에. 회사 인간으로 살아가기 위해서는 자존감 장착이 필수다.

먼저 고백하자면 나는 자존감이 높은 사람은 아니다.

나를 잘 아는 사람들은 "남은 그렇게 배려하면서 스스로는 배려할 줄 모른다"라고 타박한다. 자존감이 자신을 존중하는 마음이라면 오히려 나는 자신을 학대하는 사람에 가깝다. 조금 타고 못생긴 음식은 내가 먹는다. 다른 사람을 불편하게 하느니 내가 좀 불편한 게 훨씬 낫다. 타인에게는 관대하지만 스스로에게는 엄격한 잣대를 들이댄다. 그래서 잘하면 좋을 텐데 현실은 늘 자기 기준에 미치지 못한다.

처음부터 그랬던 것은 아니다. 우연히 만난 고등학교 선생님은 나를 '당당한 경진이'로 기억하고 계셨다. 대학 입학 후 신입생 오리엔테이션 장기 자랑에 나간 뒤로 (지금은 뭘 했는지 기억도 나지 않지만) 한동안 선배들은 나를 학생회에 꼭 가입시키려고 했다. 4학년이 되고 학생회장 선거가 한창이던 어느 날 무심히 캠퍼스를 지나는데, 나를 알아보는 선배가 있었다. "많이 변했네." 스치듯 지나간 말이 한동안 귓가를 맴돌았다.

나는 왜 이리 많이 변한 것일까? 정말 몰랐다. 왜 다들 당시 유행하던 브랜드의 구두를 신고 신발 이야기를 하는지, 강남에 산다는 친구는 왜 자꾸 남들이 어디 사느냐고 묻는지. 아이러니하게도 정말 몰라서 자신감이 넘쳤다. 세상은 마냥 밝았고, 사람들은 그런 나를 좋아했다.

내가 시골 출신에 부자도 아니고 예쁘지도 않다는 사실을 깨닫는 데는 그리 오래 걸리지 않았다. 일본 드라마의 청순한 여주인공을 동경하고, 드레스를 입고 양산을 쓴 중세 귀족 여성의 사진을 다이어리에 오려 붙이면서 우울해지기 시작했다. 친구의 결혼식에 가는 길, 낡은 내 구두가 못내 보기 싫어 지하철역에서 파는 신발을 이것저것 신어보다 그냥 기숙사로 돌아가 버린 적도 있다.

세상에서 정한 우위에 있는 기준을 맞춰가려고 하면서 나를 학대하기 시작했다. 있는 그대로의 나를 사랑하라지만, 부족해 보이는 나를 받아들이는 것은 매우 어려운 일이었다. 시험을 망친 나, 살이 찐 나, 오늘도 계획을 못 지킨 나는 도저히 사랑하기 힘들었다. 더 나은 나를 기대하고 다그치는 것은 나를 사랑하기 때문이라고 생각했다. '이건 내 모습이 아니야. 노력해. 벗어나야 해.' 다그칠수록 몸도 마음도 점점 지쳐갔다.

돌이켜보면 자아의식이 강하면 다른 사람의 말이 그렇게 중요하지 않은 것 같다. 세상 무서울 것 없고 당돌했던 어린 시절에는 웬만해선 다른 사람의 말에 휘둘리지 않았다. 경험 많은 어른이 건네는 칭찬 섞인 충고도 내 생각과 다르면 한쪽 귀로 흘려버렸다. '쳇! 나에 대해 뭘 아신다고?' 세월이 흘러 어른이 되고 세상에 부딪히면서 어설픈 내가 보이기 시작했다. 어떻게 살아야 할지 흔들리면서 내가 어떤 사람인지도 헷갈리기 시작했다. '나에 대해 말 좀 해주세요.' 타인의 시선은 어느새 매우 중요해졌다.

어린아이는 있는 그대로의 나를 인정하는 것이 어렵지 않다. 기준이 나이기에 세상의 중심에 나를 놓아두는 것이 두렵거나 우울하지 않다. 그런데 어릴 적 나와 지금의 나는 똑같다. 달라진 것은 주변의 잣대에 흔들리는 마음뿐이다. 어른으로 사는 것은 그래서 어려운 듯하다. 세상을 알기 전까지는 뭐든 할 수 있을 것 같았는데, 키가 크고 멈추는 동안 내면의 나는 작아져버렸다.

나아져야 하는 기준은 상당 부분 세상이 정한 고정관념과 불합리한 잣대에 의한 것이다. 순간순간 이것을 인식하고 깨어 있도록 노력해야 한다. 어릴 적 우리는 자신감과 자존감이 넘치는 아이들이었다. 내 안에 이미 존재하는 자존감을 다시 꺼내야 한다. 진정으로 나를 사랑하면 굳이 타인의 시선을 신경 쓰지 않는다. 모두에게 중요한 사람이 되고자 애쓰지 않아도 된다.

고등학교 시절 공주병이 유행했었다. 반에 한두 명은

공주를 자칭하는 친구들이 있었다. 한번은 공주병으로 유명한 친구에게 다른 친구가 농담 반 진담 반으로 진심이냐고 물었다. 진지하게 진짜란다. 당시에는 '허걱!' 했지만, 그녀의 세상은 얼마나 여유로웠을까? 가끔씩 이런 사람을 볼 때면 근거 없는 자신감이라도 당당한 모습에 부러울 때가 있다. 남 보기에 어떻든 자신감이 넘치는 사람은 매력 있다. 자신의 소신을 분명히 밝히는 사람을 보면 멋져 보인다. 애교스러운 정도라면 자신감이 있는 공주병이 의기소침한 자괴감보다 나을 것 같다.

세상을 보는 눈이 편안해지는 기분을 아는가? 세상 모든 것이 내게 마음을 여는 기분은 실제로 당신이 잘생기고 돈이 많다고 느껴지지 않는다. 있는 그대로의 자신을 이해하고 타인의 시선에서 자유로워지는 순간 느껴진다. 분명 어제와 같은 나인데, 좀 더 멋있어진 것 같은 느낌. **자신에게 가장 큰 영향을 미치는 사람은 자기 자신이다. 주변 사람들이 뭐라 말하든 내가 나를 어떻게 생각하고 어떤 사람이 되기를 원하는지가 중요하다.**

얼마 전 드라마에서 인상적인 장면을 보았다. 흥분해서 서류를 집어던지며 욕설을 날리는 상사 앞에 주인공이 고개를 숙이고 있다. 눈물이라도 흘리는 줄 알았는데 아니다. 그녀는 그런 상황이 익숙하다는 듯 즐겨 부르는 노래를 속으로 흥얼거리며 태연하게 상사의 말을 한 귀로 흘려보내고 있었다.

'나는 잉여 인간인가? 정말 쓸모없는 사람일까?' 하는 생각은 말끔하게 지워버려야 한다. 잉여 인간은 내가 만든 나다. 내가 그렇다고 하면 그런 거고, 생각조차 하지 않는다면 아닌 거다. 누가 그렇게 이야기하거든 무시하는 편이 낫다. 당신의 가치를 다른 사람의 가벼운 판단이나 감정 섞인 발언에 맡길 필요가 없다.

일을 하다 보면 억울할 때도 있고, 나도 모르게 발끈할 때도 있다. 꾹 참고 바꿔보려고 애쓰는 것보다 자연스럽게 넘기는 편이 정신 건강에 훨씬 유리하다. 일일이 깊게 반응하지 말고, 상황에 휩쓸리지 않는 연습을 해보자. 회사 생활에서는 '내게 한 그 말은 무슨 의미일까?'를 분석하는 것보다 '그러려니' 체념하는 것이 유용할 때가 많다. 회사에서 나를 괴롭히는 누군가가 있다면 차라리 멘탈을 단련하는 과정으로 생각해보면 어떨까? 악질 상사는 어떻게 해도 바꾸기 힘들다. 너무 예민하게 반응하며 상처받지 말고 그러려니 맞춰주는 척하는 것도 내 감정을 보호하는 방법이다.

멘탈이 강한 사람은 '상사가 나를 짜증나게 해'라는 표현을 자주 쓰지 않는다. 자신의 감정을 컨트롤할 수 있기 때문이다. '감히 외부의 것들로 내 소중한 감정이 상하지 않도록 하겠어.' 과한 듯해도 이런 생각이 나를 보호하는 데는 유리하다.

있는 그대로의 나

불안의 원인 중 하나는 자신에 대한 지나치게 높은 기대치에 근거한다. 언제부턴가 나는 거울 속 내 모습이 그리 못나 보이지 않았다. 분명히 20대 때보다 예쁘지도 않고, 내세울 만한 성공을 한 것도 아닌데 마음은 더 편했다. 20대에는 '열심히 살자!'라는 다짐을 많이 했다. 스스로를 채찍질하며 나에게 실망하는 날이 많았다. 어쩌면 더 조급해야 할 나이인 30대 후반이 된 지금 나를 다그치지 않는다. 결과에 집착하고 걱정하기보다는 현재의 삶을 존중하고 있는 그대로의 나를 인정하게 되었기 때문이다. 날개를 달기 전 애벌레의 모습도 나라는 점을 받아들였다. 쉽게 말하고 있는 듯 보여도 이렇게 되기까지는 사실 오랜 시간이 필요했다. '나를 사랑하라. 남의 시선은 중요하지 않다.' 머리로는 이해해도 마음에서 안 되는 걸 어째. 그런데 막상 머리와 마음을 일치시키는 과정은 아주 자연스러웠다.

의지력에 대해 연구한 스탠퍼드대학의 켈리 맥고니걸 박사는 죄책감은 의지력 향상에 해로운 반면에, 용서는 긍정적 결과를 가져온다고 한다. 더 잘해야 한다며 부추기고, 예상했던 결과가 나오지 않는다며 자책할수록 의지력은 약해질 뿐이었다. 스스로를 아껴주면 좋을 텐데 일 못하고 남에게 피해를 주는 동료를 대하는 것처럼, 아니 오히려 그보다 더 냉혹한 잣대로 나를 평가하고 주눅이 들게 했다.

부모는 내 아이가 어떤 모습이든 사랑한다. 못생기고 머리가 나쁘고 실수를 자주 한다고 해서 아이에 대한 사랑이 변하는 것은 아니다. 그런 아이는 부모의 사랑을 받고 건강하고 밝게 자란다. 엄마가 되어 내 안의 아이를 바라보자. 아이를 보는 엄마가 그렇듯 어떤 모습이든 괜찮다. 엄마는 내 아이가 그 모습 그대로 당당하기를 바랄 것이다. 남들이 뭐라던 계속해서 아이에게 괜찮다고 해줘야 한다. 있는 그대로의 나를 인정하고 받아들여야 그다음을 원하기도 쉬워진다.

엄마 역할로도 도저히 자신이 사랑스럽지 않은 사람들도 있을 것이다. 그렇다면 내가 종종 썼던 방법을 알려주겠다. 사랑하는 연인에 대한 감정이 담긴 곡을 골라 노래 속 연인이 나라고 생각하며 듣는다. 사랑 노래에는 못난 날 믿고 기다려줘서 고맙다든지, 내가 지켜주겠다든지, 그대 없이는 못 산다든지 하는 가사가 있다. 오글거리지만 나에게 들려주는 그런 말이 때로는 위로가 된다. 좋은 멜로디까지 있으니 효과가 괜찮다. 우울할 때는 기분이 전환되는 것만으로도 긍정적 작용을 한다. 그렇게 한결 나아진 기분으로 지금 해야 할 일을 하는 것이다.

마음이 모나 있으면 별것 아닌 일에도 쉽게 찢기고 부딪힌다. 지나가는 동료의 사소한 말 한마디에 울컥 화가 치밀고, 상사의 가벼운 꾸지람에도 세상 다 산 사람처럼 좌절감에 휩싸이곤 한다. 그런 마음으로는 이곳이 아닌 다른 곳으로 간다고 해도 행복해질 수 없다. 먼저 여기서 스스로 행복해지기 위한 연습을 해야 한다. 변화는 거기서부터 생겨난다.

무기력은 열심히 살아가려고 노력하는 사람들에게서 자주 발생한다. 별 소득 없어 보이는 노력이 계속되다 보니 슬럼프가 찾아오는 것이다. 영화나 음악 등으로 기분 전환을 시도하고 독설로 자극을 받거나 따뜻한 말로 위로를 받아보지만, 그런 것들은 근본적인 해결책이 되지 않는다. 문제가 생겼을 때 보통 우리는 그 문제에 집중해서 해결하는 것에만 신경을 쓴다. 그런데 가끔은 문제의 본질을 보는 새로운 관점을 통해 해결책을 발견할 수 있다. 무기력과 슬럼프는 '해야 할 일을 잘 못해서' 생기는 것이다.

이리저리 힐링할 방법을 찾기보다는 그저 해야 할 일을 하는 것이 무기력과 슬럼프에서 벗어날 수 있는 더 확실한 방법이다. 피겨 스케이팅 선수 김연아가 땀을 흘리며 체력 단련을 할 때 누군가 묻는다. "무슨 생각하면서 해요?" 그녀는 아무렇지 않게 대답한다. "생각은 무슨…. 그냥 하는 거지." 그냥 하는 것이다. 아무것도 할 수 없을 것 같은 부정적 감정에 사로잡혀 있을 때 아무리 '할 수 있어'를 다짐해본들 바닥을 친 자존감은 쉽게 높아지지 않는다. 자존감은 나에게 거는 기대다. 단순한 위로로 기대가 올라가지 않는다. 작은 성취를 통해 다른 누구도 아닌 스스로의 신뢰를 얻어내야 한다.

독일의 저명한 심리학자 배르벨 바르데츠키는 《너는 나에게 상처를 줄 수 없다》에서 자존감을 높인다는 것은 다른 사람보다 잘할 수 있는 일에 자부심을 갖는 것이라고 말한다. '왜 나는 이것밖에 안 될까?', '이렇게 한다고 과연 내가 달라지겠어?' 등의 자기 비난과 자기 회의는 자존감을 갉아먹을 뿐이다. 차라리 해야 할 일을 묵묵히 하면서 잘할 수 있는 일로 끌어올리는 것이 상처를 회복하는 가장 좋은 방법이다.

쉽게 얻으려는
욕심 버리기

① 30평 이상 부채 없는 아파트 소유

② 월 급여 500만 원 이상

③ 2000cc급 이상 자동차 소유

④ 현금 2억 원 이상 보유

⑤ 1년에 한 차례 이상의 해외여행

직장인들이 생각하는 대한민국 중산층의 기준이라고 한다. 평균만큼 일하기 위해 죽어라 노력하는 사회란 말을 실감나게 하는 조사 결과다. '빨리 돈 버는 방법 없나?', '저 사람은 참 쉽게 돈 버는 것 같아.' 부지런히 살아도 내 월급은 오를 기미가 좀처럼 안 보이는데, 세상에는 재미

있게 일하면서 돈도 잘 버는 사람이 꽤 많은 것 같다. 노력하면 된다는 말은 거짓말이다. 열심히 노력해서 들어온 이 회사도 뭐 이렇지 않은가? 이대로 가다가는 평생 답이 안 나올 것 같다.

얼마 전 인터넷으로 물건을 팔면서 돈을 잘 버는 사람이 나온 방송을 보았다. 팔 물건을 정하고, 물건을 가져와서 가격을 협상하고, 인터넷에 올리는 일이 그에게는 쉬워 보였다. 게다가 버는 돈도 어마어마하다. 그는 지금이 단군 이래 돈 벌기 가장 쉬운 시대라고 했다. 성공한 사람들은 '당신은 왜 하지 않느냐?'라며 회사 인간의 가난한 마음을 흔든다. 물론 그들이 전하는 노하우는 정보를 나누고자 하는 선한 의도에서 비롯한다. 그것은 고마운 일이다. 그러나 정보를 흡수하는 입장에서는 그들의 말을 가려들을 수 있어야 한다.

많은 이들이 겉으로 드러난 성공을 보면서 나도 쉽게 해낼 수 있으리라는 헛된 꿈을 꾼다. 누구나 쉽게 할 수 있다면 세상에는 부자가 더 많아야 할 것이다. "이거 하면 크게 돈 벌 수 있대"는 무서운 말이다. 누구에게나 성공의 기회는 주어진다. 단, 그 성공은 '누구처럼'이 아니라 직접 일군 방식이어야 한다. 스스로 부딪치며 알아가는, 지독한

땀과 고민이 깃든 고생의 시간이 필요하다.

성공한 사람들은 하나같이 말한다. 노력이 언제나 성공을 보장하지는 않지만, 끈질긴 노력과 정성은 반드시 성과로 이어진다고. 포기하지 않으면 실패는 경험일 뿐이라는 당연한 말속에 진실이 숨겨져 있다. 뛰어난 재능 덕분에 술술 풀리는 것처럼 보이는 사람들도 있는 힘을 다해 노력하는 과정을 겪었다. 다만 좋아하는 일을 해서 덜 힘들게 느껴지거나, 운이 좋아 조금 더 빨리 결과를 얻었을 뿐이다.

노력은 종종 재능과 비교되어 왔다. 하지만 40년간의 연구를 통해 '성장 마인드셋'을 발표한 캐럴 드웩 교수는 재능 있는 사람에게 노력은 필요 없다는 고정관념이야말로 개인이 가질 수 있는 최악의 관념이라고 설명했다. 성장 마인드셋은 능력을 얼마든지 발전시킬 수 있다고 믿는 관념이다. 성장 마인드셋을 가진 사람은 능력은 변하지 않는다고 믿는 고정 마인드셋을 가진 사람들에 비해 성공할 가능성이 확연히 커진다.

실리콘밸리에서는 한창 주목을 받던 기업 가치 10억 달러 이상의 '유니콘' 스타트업이 하나둘 거품이 빠지고, 질긴 생명력의 '바퀴벌레' 스타트업이 뜨고 있다고 한다.

바퀴벌레 스타트업은 상황이 좋지 않을 때도 살아남는 강인한 생명력을 가진 기업이다. 큰 외부 투자를 받지 못해도 스스로 벌어 살아남는 끈질긴 생명력을 보여주고, 그러다 어느 순간 시장에 그 존재감을 드러낸다.

항상 열심히는 살았던 것 같은데, 이룬 것이 아무것도 없다는 생각에 허탈했던 적이 있다. 그런데 할 만큼 했다는 것은 내 기준이었다. 세상은 그리 만만하지 않다. 노력해도 안 된다고 푸념하기에 앞서 얼마나 제대로 노력해봤는지 자문해볼 일이다. 다행히 어떤 방식이라도 노력은 어딘가에서 차곡차곡 쌓인다. 똑같은 방법으로 똑같은 실수를 반복하고 있는 것이 아니라면 수많은 노력은 하나로 연결되어 언젠가 모양을 드러낼 채비를 한다. 사실 노력이 아니라 그것도 모르고 늘 조급해하고 빨리 포기했던 내가 문제였다.

이 회사에서는 답이 안 나온다며 이미 포기했을지도 모른다. 그러나 안 나온다는 그 답을 찾기 위해 얼마나 오래 진지하게 노력해본 것일까? 많은 이들이 약간의 노력으로 한 번에 드라마틱한 결과를 바란다. 그런 일은 흔치도 않고 좋지도 않은데 말이다. 인생 한 방을 노리고 퇴사를 다짐했다면 노력에 대한 각오가 되어 있는지 냉정하게 점검해야 한다. 성공은 한 방에 오지 않는다.

정보는 정답이 아니다

쉽게 얻으려는 현상은 정보 습득 과정에서도 나타난다. 요즘 자주 보이는 현상이 긴 글이나 영상 아래 달린 짧은 요약 댓글이다. '요약 좀 해주세요' 하며 누군가가 요약해주기를 기다리는 댓글도 봤다. 넘쳐나는 정보의 홍수 속에서 간단함을 찾는 것은 이해되지만, 필요한 정보라면 남의 요약만 봐서는 내 것으로 만들 수 없다. 같은 내용이라도 개인의 관점과 경험, 관념 등에 따라 다르게 읽히기 때문이다. 모든 정보에 일일이 반응하는 것은 시간적으로나 정신적으로 낭비다. 정보를 습득하려는 목적을 확실히 하고, 분석할 정보와 하지 않을 정보를 구분해야 한다. 유용한 정보를 걸러낸 후에는 수동적으로 받아들이는 데 그치지 말고 내 상황에 맞게 적극적으로 변형해서 적용할 수 있어야 한다.

퇴사에 대한 고민도 마찬가지다. 회사를 그만둘지, 이직을 할지, 사업을 할지 복잡한 심정을 주변의 간단한 조언에 의지하려고 한다. 어려운 문제를 쉽게 해결하려는 심보다. 다른 사람이 해줄 수 있는 이야기는 불완전한 정보에 근거한 객관적이고 안정적인 내용에 불과하다. 어떤 가치관을 갖고 있고, 어떤 상황에 처해 있으며, 언제 기쁘고 슬픈지 가장 잘 아는 사람은 바로 나 자신이다. 다른 사람은 당신이 얼마나 오랫동안 꿈꾸고 있었는지, 얼마나 큰 잠재력을 지녔는지, 꿈을 향한 각오가 어느 정도 되어 있는지 정확히 알 수 없다. 반대로 어떤 상황을 특히 못 견디는지, 그 일이 얼마나 싫은지, 조만간 참기 어려워질 것 같은 시점은 언제인지 알 수 있는 사람도 나 자신이다. 조언을 참고하되 결정은 스스로 해야 한다.

사회는 우리를 가혹하게 조여온다. 대기업과 공무원의 높은 경쟁률을 보면 왠지 다수에 속해서 경쟁해야 할 것 같은 마음이 든다. 2018년 9월 통계청이 발표한 청년층(15~29세) 실업률은 10퍼센트(435,000명)다. 역대급 청년 실업률. 눈앞에 닥친 문제를 수습하기 급한 게 현실이다. 어떻게든 일할 수만 있으면 좋겠다. 살다 보면 앞서거나 뒤서거나 하는 것인데도 비슷한 출발 지점에 서 있으니 옆 사람이 어디에 있는지 더욱 신경이 쓰인다. 나에 대해 알아보겠다며 뜬구름을 잡느니 이력서를 하나 더 집어넣는 게 답인 듯하다.

정보를 체화시키지 못한 채 성급하게 내린 결정은 좋

지 않은 결과를 가져올 가능성이 크다. 통계청 청년층 조사 결과 2018년 5월 기준 첫 직장 평균 근속 기간은 1년 5.9개월이었다. 입사자 10명 중 3명이 1년 내 회사를 떠난다고 한다. 퇴사의 시대라고는 해도 어렵게 들어간 회사를 떠난다는 것이 쉬운 결정은 아니다. 그래서 더더욱 일단 들어가고 보자는 마음은 위험하다.

쏟아지는 정보와 사회 분위기에 휩쓸려 자신을 진지하게 바라볼 기회를 놓치지 말자. '급할수록 돌아가라'는 말이 있듯 기업 비전과 내 비전을 맞추는 데 급급하기에 앞서 자신을 음미해보는 여유를 잃지 않았으면 한다. 똑같이 짜 맞춘 이력서보다 나다움이 드러나는 이력서가 매력적인 것은 두말할 나위 없다. 자신의 색깔을 찾은 사람은 면접에서도 자신감이 드러난다. 소신이 있으면 회사 생활과 업무를 대하는 자세에서도 편안함이 묻어난다.

Do it now! 행동으로 완성되는 것

정보를 적극적으로 흡수하고 완벽한 계획을 세웠다고 해도 변화를 완성하는 것은 행동이다. '그래. 준비한 후 더 나은 곳으로 이직하자!' 다짐했을 수 있다. 하지만 다짐과 각오만으로는 변화하지 않을 것이다. 예전에 나는 신념이나 목표 같은 추상적인 개념을 중요하게 생각했다. 가슴을 움직이는 이야기를 들으면 감동받고 다이어리에 적었다. 결과는 새로운 지식과 정보만 추가될 뿐이었다. 그다지 나아진 것이 없었다.

저거, 저거 하며 징징거리는 사람들이 있다. '저게 나와 어울릴 것 같아. 내가 원하는 거라고!' 느낌이 왔을 것이다. 가슴이 뛰었을지도 모른다. 그런데 어째서인지 몸을 적극적으로 움직이지 않는다. 실제로 저것을 가진 사람들의 모습은 어떤지, 어떻게 하면 내 것으로 만들 수 있는지 더 알아보고 노력하는 과정을 귀찮아한다.

여행이 싫으면 안 가도 괜찮다. '가고 싶으면서' 귀찮다고 포기하지는 말자. 먼저 여행한 사람의 후기도 읽고, 숙소와 맛집도 검색하고, 가격 비교도 꼼꼼히 한다. 막상 준비하다 보면 생각보다 쉽게 나에게 맞는 코스를 짤 수 있을 것이다. 내 것으로 만드는 과정은 힘들다. 그러나 그 안으로 들어가면 다가가는 것이 막연한 기다림보다 편하다는 것을 느끼게 된다.

지금과는 달라져야 한다는 것은 분명하다. 삶을 변화시키고 싶다면 시간을 다르게 쓰거나, 다른 장소에 가거나, 다른 사람을 만나라는 말이 있다. **똑같은 패턴에서 벗**

어나 실행 가능한 목표를 정하고 부지런히 움직여야 한다. 물론 우리의 몸과 머리는 저항할 것이다. 온갖 핑계로 하지 않을 이유를 만들고, 사는 게 다 그런 거라며 현실에 안주하게 주저앉힐 수도 있다. 하지만 처음의 저항을 달래고 설득하며 이어서 하다 보면 변화도 습관이 된다. 습관이 되면 새로움도 익숙해진다. 도전이 주는 재미와 설렘도 쏠쏠하다.

나는 뒤늦게 행동의 중요성을 알고 실천하며 조금씩 달라지기 시작했다. 내가 생각하는 행동의 의미는 이렇다.

첫째, 머리로 이해한 것을 몸으로 체득한다. 조언이나 방법을 듣고 거기서 끝나면 안 된다. 다이어리에 다짐을 적는 것만으로는 변화를 이끌어낼 수 없다. 다른 사람의 스토리가 아닌 '나'의 스토리를 만들어야 한다. '해야 할' 일이므로 의무에 가깝고, 결과가 아닌 과정에 해당되기에 마냥 즐겁지만은 않을 것이다. 퇴사하고 싶은 마음은 굴뚝같으면서 알아보고 준비하기는 싫다. "이놈의 회사 꼭 때려치울 거다"라는 말만 몇 년째다. 귀찮아서 그냥 눌러앉는 경우도 많다. 있을 만하니까 버티는 게 아니라 진짜 퇴사를 원한다면 머리가 아닌 몸을 움직여야 한다. 퇴사하기 위해 해야 할 일을 리스트업하는 것부터 시작해보자.

둘째, 적극적이고 능동적이어야 한다. 계획이 완벽하지 않더라도 일단 시작한다. 부족한 점은 실천하면서 얼마든지 보완할 수 있다. 하루에 업무 관련 책 10페이지 읽기, 취업 정보 5개 보기처럼 아주 작은 실천도 괜찮다.

셋째, 피드백을 주고받는다. 결과에는 외부에서든 스스로가 하는 것이든 피드백이 달린다. 그 피드백을 건설적으로 반영하면서 반복한다. 이를테면 서류 전형에서 자꾸 떨어지는 이력서를 수정하고, 불편하더라도 다른 방식으로 지원해보는 것이다. 하루 이틀 실망스러워도 계속하는 것이 중요하다. 포기하지 않고 피드백을 해나간다. 먹고살기 바빠서, 집중할 시간이 없어서, 정보가 부족해서는 행동하기 싫어서 만드는 핑계에 불과하다. 아주 작은 시도라도 좋다. 목표에 다가가기 위해서는 이유 불문하고 행동해야 한다.

헤드헌터로 일할 때 나이가 꽤 많은 판사 출신 변호사를 중견기업에 추천한 적이 있다. 사실 그 포지션은 조직 내 팀 분위기를 고려해서 나이가 어린 사내 변호사를 찾는 자리였다. 지원을 받자마자 사정을 설명하고 어려울 것 같다는 말씀을 드렸다. 하지만 그는 기업의 상황과 담당할 업무에 관한 이야기를 듣더니 포지션에 더욱 확신을 갖는 듯했다. 실질적으로 기업에 어떤 도움을 줄 수 있고, 본인을 채용하면 어떤 점이 유리한지를 조곤조곤 짚으며 나를 설득했다. 기업이 우려하는 부분도 충분히 이해한다면서 조직에 융화되도록 애쓰겠다고 말하는데, 부드러우면서도 확신에 찬 그의 태도에서 해볼 수 있겠다는 생각이 들었다.

헤드헌팅 추천을 할 때는 정해진 양식에 따른 이력서를 제출한다. 그가 제출한 이력서를 보는 순간 말 그대로 '감동'을 받았다. 양식을 따르되 할 수 있는 한 꼼꼼하게 자료를 추가해서 자신의 강점을 최대한 어필한 이력서였다. 결국 그는 이례적으로 해당 기업에 합격했다.

비즈니스 창조 전략 중 '리디렉션redirection'이 있다. 리디렉션

이란 트렌드나 흐름을 거스르지 않고 프레임을 살짝 바꿈으로써 불리한 것마저도 유리한 것으로 만드는 것을 뜻한다. 그는 기업의 요구 사항을 정확히 파악하고 자신을 선택할 수 있도록 주의를 기울였다. 그저 좋은 학력에 판사 출신 경력만 내세웠다면 전업에 성공하지 못했을 것이다. 주어진 정보를 자신에게 맞춰 한 단계 더 깊이 해석한 결과다.

지원하는 기업마다 다른 전략이 필요하다. 합격에 급급해서 기업이 제시하는 기준에만 끼워 맞추다 보면 경쟁률만 올려주는 꼴이 되기 쉽다. 수많은 이력서 사이에서 인사 담당자의 눈에 띄려면 자신만의 색을 드러내서 유혹해야 한다. 인사 담당자는 단순히 내가 어떤 사람인지보다 실제 그 일을 수행할 준비가 된 사람인지 궁금할 것이다. 급하다고 무작정 원서를 집어넣는 일이 오히려 시간 낭비가 될 수 있다. 하나를 넣더라도 되게끔 해야 한다. 기업이 원하는 바를 살피고 어떻게 하면 자신의 개성과 강점을 어필할 수 있을지 연구하자. 매력적인 이력서는 안 될 일을 되게 만들기도 한다.

비교하지
않는 연습

　'백만장자와 어부' 이야기를 한 번쯤 들어봤을 것이다. 한가로이 배에 누워 있는 어부에게 백만장자가 다가와 왜 물고기를 더 잡지 않는지 묻는다. 오늘은 이 정도면 가족에게 충분하다는 어부. 백만장자는 어부에게 물고기를 더 잡아 그 돈으로 큰 배와 그물을 사라고 알려준다. 그렇게 해서 돈을 더 벌면 큰 배를 여러 척 사고 어부들을 고용해서 아주 큰 부자가 될 수 있다고. 그렇게 한 20년쯤 지나고 나면 그다음에는 쉬면서 인생을 즐길 수 있다. 아름다운 집에서 가족을 위해 요리하고, 그물 침대에서 낮잠을 즐기고, 배 위에 누워 담배를 피울 수 있다. 백만장자의 이야기를 다 들은 어부가 말한다.

"그런 거라면 지금도 하고 있소만."

소소하지만 확실한 행복, '소확행'이 2018년 트렌드 키워드로 꼽혔다. 당신은 소소한 행복을 추구하는가 아니면 큰 성공을 꿈꾸는가? 나는 소소한 행복을 누리며 소위 말하는 성공의 순간도 경험하고 싶다. 당신도 그런가? '성공이 뭔데?' 하며 피식할 수도 있겠다. 사회적인 성공이 중요했던 사람이라도 살아갈수록 작은 행복에 집중하는 모습을 많이 본다. 행복은 스스로 찾고 자주 누려야 하는 가치란 점에서 긍정적이지만, 해도 해도 안 되는 것을 너무 많이 본 우리가 저성장 시대를 살기 위한 방법으로 소확행에 열광하게 된 것 같은 아쉬움은 지우기 어렵다.

성공의 기준은 전적으로 개인에게 달려 있다. 어떤 삶을 살고 싶은가에 따라 각자가 생각하는 성공의 그림은 다르다. 돈이나 명예가 중요할 수도 있고, 여유와 건강의 돌봄이 먼저라고 느낄 수도 있다. 내가 중요하게 여기는 가치가 무엇인지 찾아내고, 그에 따라 원하는 모습을 그려봐야 한다. 부와 명예를 얻는 것도 성공이지만 가족의 건강, 편안한 생활, 좋은 부모가 되는 것도 성공이다. 각자의 성공은 그 나름대로 존중받아야 한다.

내가 다녔던 시골 중학교에는 원어민 선생님이 있었다. 어느 날 선생님이 나에게 어떤 사람이 되고 싶은지 물었다. "많은 사람이 필요로 하는 사람이 되고 싶습니다." 질문을 받는 순간 떠오른 생각을 이야기했다. 관계대명사까지 써가며 나름 완벽한 문장을 구사했다고 여겼는데, 선생님은 제대로 이해하지 못했다. 의미를 설명하느라 한참 고생한 기억이 난다. '많은 사람이 필요로 하는 나'라니…. 지금 생각해보면 그때부터 타인의 기준에 맞춰 나를 만들어왔던 것 같다.

혹시 당신도 나처럼 많은 사람을 만족시키고 싶다는 생각에 사로잡혀 있는가? '나는 반드시 잘해야 해'라는 생각은 특권 의식이었다. 커다란 꿈을 설정하고 완벽한 나를 기대할수록 실망도 컸다. 오랜 시간 '더 나은 나'가 되어야 한다며 다그쳤으나, 정작 필요한 것은 '내 안의 욕망'을 들여다보는 일이라는 것을 깨달았다. 대학, 직위, 돈 등 외부의 가치에 집착하면 중간에 길을 잃기 쉽다. 안이 아닌 바깥에서 뭔가를 찾으려는 탓에 비교에 휘둘리는가 하면, 잘나가다가도 허무함을 느낄 수 있다.

우리는 같지 않지만 대등하다. 인간 사이에서 우월감이나 열등의식을 가질 필요가 없다. 예전의 내가 세상에 나를 증명하기 위해 어떤 일을 할지 고민했다면 지금의 나는 그저 나의 존재를 스스로 인식하기 위해 일을 한다. 내가 당신보다 우월해서 책을 쓰는 것이 아니다. 나는 그저 글을 통해 타인의 삶에 미칠 긍정적 영향을 기대하며 나의 존재감을 느낀다. 출간 후 독자들의 반응을 기다리며 초조해할 수도 있다. 누가 갑이고 누가 을인가? 상황은 언제라도 뒤바뀔 수 있다. 물론 때때로 타인과의 비교는 나를 자극시키는 성장 동력이 될 수도 있다. 그러나 필연적으로 더 나은 사람을 보게 만들어 인생이 끝없는 불만족으로 얼룩질 가능성이 크다. 비교는 자신보다 못한 타인을 바라는 것이기에 좋지 않다. 특권 의식을 버리고 대등함을 인정하면 담백한 진짜 꿈이 보이기 시작한다.

어릴 적 100미터 달리기를 할 때면 늘 어디론가 숨어버리고 싶었다. 동일 선상에 선 친구들과 같은 골인 지점을 향해 뛰는 게 싫었기 때문이다. 출발할 때 조금이라도 늦거나 달리다가 혹시 실수하지는 않을까 늘 가슴이 조마조마했다. 시작을 알리는 총소리가 무시무시하게 느껴졌다. 달리기에 대한 고정관념은 체력장을 할 때 깨졌다. 체력을 측정하기 위해 전속력으로 뛰어보던 날, 이상하게도 달리면서 희열을 느끼는 나를 발견했다.

체력장에서는 오직 나를 위한 출발 신호와 골인 지점이 있었다. 기적적인 기록이 나와도 칭찬할 사람은 없었다. 남보다 먼저 달리려고 기를 쓸 필요도 없었다. 100미터 달리기 시합에서 결승점의 띠를 끊는 사람은 1등뿐이지만, 체력장에서는 끝까지 뛰는 것만으로 모두가 의미있는 기록이다. 나는 그저 내 한계까지 달려보고 싶었고, 그대로 즐거웠다.

어차피 인생이 달리기라면 100미터 시합이 아닌 체력장으로 만들어보면 어떨까? 돈이나 명예를 원하더라도 그것을 통해 주어질 자유로움, 가족에게 줄 안정, 내면의 충만함에 초점을 두고 중심을 잡으면 끝없는 욕심과 무한 경쟁에서 스스로가 정의한 성공을 일궈낼 수 있다. 모두를 만족시키려는 마음을 내려놓고 스스로를 진정으로 만족시킬 수 있는 일을 찾자. 자신에게 중요한 일을 하는 사람은 굳이 드러내려 하지 않아도 자연스럽게 드러난다. 알아봐줄 필요가 없을 때 오히려 세상은 그 사람의 말에 귀를 기울인다. 세상에 끼치는 영향력은 덤이다.

"옆에 김 대리 하는 것 좀 봐. 똑같이 입사했는데 이렇게 차이가 나나?" 부장님의 잔소리는 오늘도 여지없이 날아온다. 그냥 실적이 부진하다고만 할 것이지 옆에 있는 김 대리 이야기는 왜 할까? 직장 내에서 일방적으로 당하는 비교는 영혼까지 갉아먹는다. 업무에 관한 것뿐 아니라 외모가 어떻다는 둥, 태도가 어떻다는 둥 공격의 대상도 다양하다. "비교하지 마세요!"라고 받아넘길 수 있는 게 아니라면(그런다고 하지 않을 사람들도 아니다) 스스로 걸러내는 연습을 하는 게 좋다. 내 의지로 바꿀 수 없는 비교라면 과감히 무시해야 한다. 똑같은 기준에 나를 맞출 필요는 없다. 남들에게는 쉬워 보이는 일이 나에게는 어렵더라도 그것이 곧 나의 부족함을 의미하지는 않는다. 남들이 무심코 던지는 비교는 나에 대한 관심을 내보이며 진지하게 꺼낸 말이 아니다. 나의 진가를 알아주지 않는다고 노여워하기보다는 누구도 쉽게 범접할 수 없는 능력을 기르는 편이 현명하다.

단, 자신이 만든 비교라면 대처 방법이 다르다. '대졸 초임이 4,000만 원 가까이 된다고? 그럼 난 뭐야?' 대기업 대졸 초임 연봉이 공개될 때마다 매번 실망하는 직장인들이 생겨난다. 외국계 기업에 취업하더니 나보다 훨씬 잘나가는 친구가 얄미워지기도 한다. '부러우면 지는 거'라는 말 누가 만들었는지 잘 만든 것 같다. 그래도 부럽다고 솔직하게 말한다면 용기 있는 것이다. 알량한 자존심에 부럽다고 말도 못하고 상대의 약점을 찾아 위안으로 삼는 것보다 훨씬 낫다. 어느 한 시점에서 상대의 나은 부분과 나의 부족한 부분을 떼어놓고 하는 비교는 기준도 없이 에너지를 소모하는 일이다. 하지만 한 가지 확실한 것이 있다. 부럽다면 그 부분에서 나도 비슷한 것을 원한다는 뜻이다. 원하는 마음, 잘하고 싶은 마음을 외면하지 말자. '왜 난 안 되지?'라는 자괴감이 들 때 부족한 점을 개선하려고 무엇이라도 시도하면 승자가 될 초석이 만들어진다. 안 될 거라고 지레 포기하면 진짜 지는 것이다. 승리와 패배를 가르는 상대는 바로 나다. 남에게 지는 것보다 자신을 이기는 것이 중요하다.

이력서에 적힌 한 줄
그 이상의 경험

──── 회사를 계속 다녀야 하는 것인지 모르겠습니다. 요즘 같은 때 취업에 성공해서 기쁜 것도 잠시 딱히 제가 성장하고 있다는 생각은 들지 않아요. 팀 프로젝트로 업무가 진행되다 보니 주도적으로 뭔가 해내고 있다기보다는 팀장님의 지시에 맞춰 수동적으로 움직일 때가 많습니다. 조직 체계가 수직적이다 보니 제 의견을 분명히 드러내면 불편한 분위기가 감지되기 일쑤고요. 불합리하다는 점을 어필하면 왜 일을 복잡하게 만드냐는 핀잔이 돌아옵니다. 상황이 이렇다 보니 점점 시키는 일만 하자는 식으로 소극적으로 업무를 처리하게 됩니다. 물론 이렇게 일하면서도 남는 것은 있겠죠. 이력서에 넣을

한 줄의 경력이라도 쌓일 테니까요. 하지만 그 한 줄을 위해서 의미 없는 시간을 버텨야 하는 것인지 고민입니다. 구체적으로 무슨 일을 했는지 누가 묻는다면 뭐라 대답해야 할까요? 보조 역할만 했던 제게 중요한 일을 맡기려고 할까요?

자기소개는 경험 소개다. 다양한 경험이 묻어난 삶의 이야기를 듣고 있으면 나도 모르게 그 사람의 매력에 빠져들게 된다. 기업이든 개인이든 '진정성'이 핵심 가치로 떠오르고 있다. 경험을 말하는 사람의 눈은 빛나고, 그것이 곧 진정성이다. 힘든 경험마저도 버릴 게 없다. 괴로운 시간을 보내며 더 단단해지고, 부족한 점을 통해 타인과 더 많이 교감할 수 있다. 그동안 모아온 경험 퍼즐은 이렇게 저렇게 맞춰져 나만의 능력이 되고 재산이 된다.

'이력서에 넣을 한 줄의 경력을 위해 버텨야만 하는 걸까?'라고 생각된다면 이력서에 넣을 한 줄을 위해서가 아니라, 당신의 경험치를 높이기 위해 조금만 더 있어 보라. 수동적으로 일하는 것 같아도 남는 것이 있다. 상사에게는 받아들여지지 않았던 아이디어를 발전시켜 좋은 기획안으로 만들어둘 수도 있고, 팀 프로젝트를 수행하며 팀원들과 조화롭게 의견을 주고받는 태도를 기를 수도 있다. 자신을 어떤 식으로 표현하고 포장하느냐에 따라 다르다. 경험은 나를 이해하는 동시에 성장시키는 방법이다. 경험을 통해 몰랐던 나를 깨닫고 잠재된 능력을 끌어올린다. 나를 알아간다는 것은 그런 것이다.

열린 자세로 받아들이기

얼마 전 동생이 안 입는 옷을 줬는데, 딱 보니 내 스타일은 아니었다. 가게에 진열되어 있었다면 내 손으로 고르지는 않았을 것이다. 편하게 입자는 생각으로 입어봤는데, 이게 웬걸 너무 잘 어울린다. 마음에 쏙 든다. 보기에는 별로라도 체형을 돋보이게 하면서 나를 살리는 옷도 있다. 의외로 잘 맞는 옷이다.

우리는 머리로만 알고 있는 이론을 일률적으로 적용해서 생각하고 싶은 대로 결론 내리는 실수를 범하곤 한다. 예전의 나는 '규모가 큰 조직과는 안 맞아!'라고 못을 박았었다. 요즘의 나는 '그런 곳에서 일 잘하는 사람일 수 있었겠다' 싶다. 자유롭게 일하면서 능력 발휘를 티 나게 하고 싶은 나의 성향과 큰 조직은 어울리지 않는다고 간주했다. 자유로운 조직 문화를 가진 기업도 많고, 좋은 환경에서 체계적으로 배울 수 있는 기회도 많다는 점을 그

때는 미처 몰랐다. 게다가 막상 일해 보니 나는 자유롭게 일하는 것이 편하지 않았다. 일하기 전에는 워커홀릭이 될까 걱정했는데, 되레 일하기 싫은 게 문제였다.

얼마나 많은 기회를 내가 싫어하는 영역, 못할 것 같은 영역이란 명목으로 놓쳐왔을까? 능력을 발휘하게 될 환경이 어떨지, 그 환경 안에서의 내 모습이 어떨지는 경험하지 않고는 모를 일이다. 따라서 내 스타일이 아니라고 제쳐두지 말고 다양한 기회를 융통성 있게 받아들여야 한다. 경험하기 전에 미리 판단하지 말자. 의외로 잘할 수도 있고, 의외로 못할 수도 있다.

플랜 B의 실행도 경험이다. 부서를 옮기고 나서 일이 너무 힘들다고 토로하는 지인이 있었다. 지친 기색이 역력한 얼굴로 이직까지 고려하고 있다고 했다. 한참 후에 다시 만난 그는 한결 여유로운 모습이었다. 이유를 물으니 힘든 시기가 지났다고 한다. 처음에는 배우느라 힘들었지만, 이제 익숙해지니 또 할 만하다. 게다가 이번에 배운 일은 할 수 있는 사람이 많지 않아서 회사 내에서뿐 아니라 회사 밖에서도 본인만의 영역을 확보한 것 같다며 뿌듯해했다. 영원할 것 같은 고통도 끝이 온다. 일이 늘 어려운 것은 아니다. 괴로운 시간이 지나면 "그때 그만두지 않기를 잘했어"라고 말하는 순간도 오게 마련이다.

여기가 맞지 않는다고 서둘러 회사를 나오면 그곳에서 경험할 수 있는 기회들을 그냥 두고 나오는 것이다. 급하게 선택한 다음 회사에서 비슷한 문제가 반복될 가능성도 무시 못 한다. 업무가 바뀌었어도 나는 그대로이기 때문이다. 이직할 때는 '전보다 나를 더 아는 나'로서 나와야 다음 회사도 더 잘 고를 수 있고, 이전보다 만족하며 다닐 수 있다. 충분히 경험한 후 이곳도 아니라면 다음 선택은 좀 더 쉬울 것이다. 이러한 과정을 겪으며 조금씩 일과 나의 거리를 좁혀간다.

경험과 능력치의 상관관계

정말로 좋아한다면 경험은 자연스러운 것이다. 에디슨은 발명이 좋아서, 포드는 자동차가 좋아서 마음껏 경험했다. 그들이 그것을 처음부터 직업으로 해야겠다고 마음먹은 것은 아니었을 것이다. 유튜브계의 초통령으로 불리는 '도티'의 채널 운영 계기는 방송국 PD 지원 자기소개서에 넣을 특별한 한 줄이었다. 게임은 원래 좋아했고, 영상 편집을 할 수 있었던 것은 김연아 선수를 좋아한 나머지 팬무비를 만들기 위해 스스로 공부한 덕분이었다. 게

임과 영상 편집 경험이 크리에이터라는 직업의 밑거름이 되었다. 쓸모없어 보이는 지금의 경험도 삶의 어떤 양념으로 더해질지 모른다.

경험이 경력으로 마무리되면 좋겠지만, 꼭 그럴 필요도 없다. 사실 우리는 하고 싶은 일과 관련된 일을 다 해볼 수도 없다. 마크 주커버그는 열아홉 살에 페이스북을 창업했다. 그에게는 경력이 아닌 수많은 경험이 있었을 뿐이다. 그는 '어떤 일을 잘하기 위해서는 그 일을 기존에 해본 적이 있어야 한다'는 고정관념을 버리는 것이 중요하다고 말한다. 새로움이 당연해진 세상 속에서 때로는 경력이란 말이 무색하게 느껴진다. 경력보다 경험이다. 다양한 경험과 전제가 융합되어 나를 만들고 필요한 상황에서 적용된다. 경험으로 단단해진 사람은 새로운 일을 만나도 과거의 경험을 끌어다 창의적으로 활용할 수 있다.

현재의 나는 그동안 내가 쌓아온 전제로 이루어져 있다. 경험을 통해 길러지는 지식, 교양 그리고 체력은 어떤 직업을 갖더라도 유용한 기본 자질이 된다. 다양한 경험에서 얻는 공통분모를 통해 내가 그 직업에 어울리는 사람인지도 판단할 수 있다. 뇌과학자 뷰 로토는 창의성은 두 가지의 거리가 먼 개념을 연결시키는 능력을 가리키는데, 그것은 그동안 쌓아온 전제에 기초한다고 한다.

　요즘 너도나도 강조하는 창의성은 배워서 얻는 것이 아니다. 다양한 생각을 해보는 경험을 통해 자연스럽게 발현되는 것이다. **A와 B를 경험한 사람은 A나 B뿐 아니라 A와 B를 합하고 기존의 경험들을 종합하여 무궁무진한 새로운 것을 만들어낸다.** 능력은 그동안 나의 인생에 녹아든 수많은 경험에 의해 만들어지는 것이다.

: SIDE NOTE

원하는 일이라면 경험해보라고 말했다. 하지만 나를 실험 대상으로 시간을 써가며 한없이 경험만 해볼 수는 없는 노릇이다. 공무원이 되고 싶다면 공무원을 경험하기 위해 어려운 시험을 준비하라는 말인가? 다음은 이 질문에 답했던 것을 재구성한 것으로, 퇴사 전 구체적으로 무엇을 어떻게 경험할 것인가에 대한 이야기다.

경험을 새로운 직장을 갖기 전과 후로 나눠보자. 예를 들어

공무원이 되기 전과 후로 나누었을 때 퇴사 전의 경험은 '지금 바로' 할 수 있는 일을 의미한다. 지금 바로 투잡이나 아르바이트로 경험할 수 있는 일이라면 선택 전의 경험이지만, 자격 준비가 따로 더 필요할뿐더러 퇴사 후에나 가능한 실제 공무원이 되는 일은 선택 후의 경험이다. 즉 새로운 직업인 공무원은 목표(선택 대상)가 되고, 선택에 대한 후회를 최대한 줄이기 위해 퇴사 전 지금 내가 할 수 있는 일을 해보는 것이다. 당장 공무원이 될 수는 없다. 그러나 회사를 다니며 동영상이나 블로그, 카페 검색을 통해 공무원들이 어떻게 생활하는지 인터뷰를 들어볼 수 있다. 요즘에는 현직자의 리얼한 이야기를 들을 수 있는 루트가 많다. 유튜브에는 실제 그 회사에 다니거나 그 일을 하는 사람들이 올린 동영상도 많고, 체계적으로 여러 직무에 대한 이야기를 들어볼 수 있는 채널도 많다. 실명 기반의 현직자 멘토링 서비스를 하는 사이트와 앱을 통해 직장인들의 속내를 들어볼 수도 있다. 주변에 공무원이 있다면 직접 물어보는 것도 괜찮다. 현실적인 이야기를 듣는 것이 중요하다.

또한 해당 직업에 대한 이해뿐 아니라 나에 대한 이해도 중요하다. 꼭 공무원과 직접적으로 관련된 경험이 아니더라도 다양한 경험을 통해 내가 만족하는 포인트, 좋아하는 일의 방식, 가치관과 성향 등을 파악할 수 있다. 나에 대한 이해를 바탕으로 하고 싶은 일의 특징에 대입해본다(그러기 위해서는 해당 직업에 대한 이해도 높여야 할 것이다). 현 직장에서 하는 프로젝트가 좋은 경험이 될 수도 있고, 여행을 하면서 매료된 일의 방식에서 힌트를 얻을 수도 있다. 직접 경험에는 한계가 있으므로 책을 많이 읽는 것도 좋다. 독서는 타인의 관점을 통한 색다른 경험을 제공한다. 이렇게 직업과 나에 대한 이해를 높이면 하고자 하는 일에 대한 확신도 키울 수 있다.

결국 또 이것저것 많이 경험해보라는 이야기다. 그런데 중요한 포인트가 있다. 바로 모든 경험을 다하고 나서 새로운 직업을 고를 수 없다는 것이다. 경험에는 이 정도만 하면 된다는 선이 없다. 경험을 통해 얻는 지식과 교양은 하루아침에 만들어지는 것이 아니라, 꾸준히 쌓아가는 것이다. 다양한 경험을 하며 능력을 키우되 그것을 활용할 순간이 오면 그때까지 알게 된 나에 대한 이해를 바탕으로 바로바로 적용시키는 것이다. 따라서 경험을 쌓는 것이 목표가 되어서는 안 된다. 기본적인 능력을 쌓으며 원하는 일에 도전하는 동시에 한쪽으로는 계속해서 나와 직업을 알아가는 작업을 병행해야 한다.

그렇게 퇴사 후 새로운 곳에서 회사 생활을 시작했다면 선택

후의 경험이 시작된다. 선택 전에는 이것저것 다양한 시도를 해볼 수 있는 데 반해, 선택 후의 경험은 원한다고 다 해볼 수 없다. 한 사람이 평생 경험하는 직장 수도 제한적이다. 새로운 곳이 만족스러우면 좋겠으나, 그렇지 못하다면 현재의 직장은 미래의 또 다른 선택을 위한 선택 전의 경험이 된다(회사 안에서 경험을 쌓아가는 방법에 대해서는 뒤에서 더 자세히 다룰 예정이다). 나와 잘 맞는 일 찾기는 선택 전과 선택 후의 경험을 반복하면서 최고의 선택을 만들어가는 과정이라고 볼 수 있다.

몸과 마음을
소진시키는 번아웃

—— 번아웃이 찾아온 것 같습니다. 왜 이렇게 일하기가 싫고 귀찮은 것인지. 입사 초기만 해도 이러지 않았어요. 작은 일이라도 먼저 나서서 하고, 해야 하는 일이라면 야근도 마다하지 않았죠. 자기계발을 한다며 각종 모임에 참석해서 업계 동향을 파악하고, 업무 스킬을 늘리려고 온라인 강의도 들었어요. 한꺼번에 너무 힘을 써서 그럴까요? 날이 갈수록 허무함이 밀려듭니다. 뭘 위해서 이렇게까지 일해야 하는 것인지…. 애쓴다고 누가 알아주는 것도 아니고요. 요즘은 해가 뜨면 출근하고, 해가 지면 퇴근하는 게 일상의 전부가 되어버렸습니다. 아무래도 뭔가 색다른 경험이 필요한 것 같은데, 사표를 쓰고

번아웃 증상으로 퇴사를 결심했다면 일단 말리고 싶다. 번아웃은 불꽃이 튀는 것처럼 열렬하게 좋아하다 금세 질려버린 연인과 같다. 상대에 대해 잘 알아볼 시간도 갖지 못한 채 처음의 감정과 다르다며 서둘러 이별을 고하는 것이라고 할까? 과한 것은 자연스럽지 않은 일이라 잠깐 동안은 더 잘하고 더 신날 수 있다. 하지만 오래가지 못한다.

사법 시험을 공부할 때 나는 동아리도 안 가고 친구들과의 연락도 끊은 채 매일매일 간절함을 다짐하며 살았다. 그러다 한순간 뻥! 하고 터지고 말았다. 나름의 강력한 이유를 만들어 일찌감치 포기를 선언했다. 욕구를 갈망하다 지치면 결국 제대로 해보지도 못하고 목표를 놓치는 일이 발생한다. 돌아보면 많은 것이 그랬다. 그때 그렇게 당장 시험에 떨어지면 죽을 것처럼 배수진을 치지 않았더라면, 일주일에 3킬로그램을 빼보겠다고 강한 다짐을 하지 않았더라면 시간이 지나 결과를 볼 수 있었을지도 모른다. 실제로 '이거 아니면 죽는다'라며 이를 악무는 캐릭터보다 현실적으로 안 됐을 때를 대비하고 유연하게 가는 캐릭터가 결국 목표를 달성하는 경우를 많이 본다.

항상 간절했는데 나는 왜 안 되냐고 생각한 적이 있다. 돌이켜보니 진짜로 간절한 적은 없었던 듯하다. 간절함이란 몸이 움직이는 것이다. "살 빼고 싶어. 간절해"라고 하면서 살 빼지 않고 있다면, "진짜 시험 잘 봐야 해"라고 하면서 공부하지 않고 있다면 다이어트와 합격이 그만큼 간절하지 않은 것이다. "돈을 꼭 벌어야 해"라고 하면서 일을 안 한다면 아직 용돈을 받으며 혹은 있는 돈으로 살 만한 것이다.

사람들은 목표를 이루기 위해 간절함을 찾는다. 간절하다면 분명히 어떻게든 할 것이다. 그런데 이 간절함을 갖기란 어찌나 어려운지 대부분 발등에 불이 떨어지고 나서야 본능에 가까운 절박함으로 몸을 움직인다. "당뇨가 있으니 담배를 끊으세요." 건강에 안 좋다는데도 끄떡없다. 끊고 싶지만 끊어지지 않는다. "이 상태가 지속되면 증세가 진짜 심각해질 수도 있습니다. 수술이 불가피합니다"라는 말 정도는 들어줘야 그나마 담배에 손이 가지 않는다.

간절함을 갖기가 이렇게 어렵다면 굳이 간절함을 만들

려고 억지로 힘을 줄 필요가 있을까? 만들어진 간절함은 몸과 마음을 경직되게 한다. 왠지 더 열심히 하려면 다른 욕구는 참아야 할 것 같다. 그러나 인간의 의지는 당황스러울 정도로 힘을 못 쓰는 경우가 허다하다. 강하게 마음먹고 뭔가 색다른 이벤트로 문제를 해결하려고 하면 되레 꼬여버릴 때가 많다. 상념을 떨쳐내려고 열심히 운동을 해봐도 씻고 자리에 누우면 스멀스멀 올라온다. 누군가를 잊기 위해 홀로 여행을 떠나도 여행 내내 그 사람이 눈앞에서 아른거린다.

반면에 성실한 시간의 힘은 생각보다 강력하다. 언젠가 조금씩 저축하는 돈이 복리로 굴러갈 때 쌓이는 금액의 시나리오를 본 적이 있다. "이렇게 해서 언제 돈을 모아?"라고 시큰둥했는데, 그 액수가 상당히 커서 놀랐다. 의외로 시간은 금방 간다. 나는 '천천히 꾸준히' 힘을 알게 되면서 자연스럽게 힘 빼는 기술을 삶에 적용시키기 시작했다. 여유 속에서 하면 거창하지 않기에 몸을 움직인다. 충족하기 힘든 큰 기대에 연연해하지 않고 작은 기대를 채우며 발전해간다.

반복된 일상의 힘

여자 친구와 헤어졌거나 엄마와 심하게 다투고 난 후 죽을 것 같은 심정으로 출근해본 적이 있는가? 회사에는 내 사정을 모르는 무심한 사람들이 아무렇지 않게 일하고 있다. 정신없이 함께 일하다 보면 어느새 고민은 저 뒤로 물러난다. 퇴근 후 제자리를 찾아 돌아오지만, 내일 또 출근이다. 반복의 힘은 강력하다. 해결될 것 같지 않던 어려움도 시간이라는 무기가 더해지면 서서히 희석된다. 심지어 그 어려움이 회사 안에 있다고 해도 말이다.

매일 똑같은 출퇴근길, 익숙해질 대로 익숙해진 업무, 특별할 것 없이 되풀이되는 일상은 지루하다. 그러나 반복해서 계속한다는 것은 삶에서 큰 의미를 지니고 있다. 최초로 에베레스트 산에 오르는 데 성공한 에드먼드 힐러리경은 어떻게 그 높은 산을 정복했느냐는 질문에 "한 발한 발 걸어서 올라갔다"라고 답했다. 원하는 것을 이루는 방법은 이렇듯 간단하다. 반복적으로 노력하는 것이다. 그 반복이 삶을 채우고 나를 이끌어간다. 매일의 부딪힘 속에서 계속하고 있다는 것은 변화와 성장을 의미한다.

좋아하는 일에 최선을 다하는 것은 쉬운 데 반해, 해야할 일에 최선을 다하는 것은 쉽지 않다. 그러나 해야 할 일에서 의미를 찾는다면 더 많은 기회를 만날 수 있다. 또 한 번 가슴 뛰는 일이 나타나기를 기다리며 매일을 울상으로 보낼 것인가 아니면 재미나진 않지만 지금 하는 일을 좋아하려고 노력해볼 것인가? 확실한 것은 걱정 가득 찡그린 얼굴을 한 사람에게는 기회가 잘 찾아오지 않는다는 점이다. 담담한 오늘 속에서 되레 기회를 포착할 수 있다. 평소 한 걸음씩 나를 성장시키고 있었다면 그것이 기회라는 점. 정말 열심히 해봐야 할 순간이란 것은 직감적으로 알 수 있다. 기회는 일상을 성실하게 보냈던 사람에게 주어지는 선물이다.

기회의 순간이 왔다면 마냥 여유를 부릴 수는 없다. 편하고자 하는 데서 더 나아가야 한다. 나같이 대충 좋은 게 좋은 유전자도 한 번쯤은 기를 쓰고 해봐야 한다. 힘 빼고 여유만 부리고 있으면 항상 그럭저럭한 결과만 나올 것이다. 천천히 계속해서 꿈을 향해 걷다 보면 진짜 간절함이 느껴지는 때가 온다. 그 순간에는 걷지 말고 뛰어야 한다. 그동안 비축해둔 힘을 쓰는 것이다. 억지로 간절함을 만들 때와는 달리 이때는 의지력을 발휘해서 극복하는 것이 아니라, 넘어야 할 과정으로 여기고 자연스럽게 대처하게 된다. 번아웃으로 힘들다면 힘을 풀어야 할 때다.

결과에 집착하지 말고 과정에 충실하자. 담담하고 유연하게 가야 한다.

: SIDE NOTE

성공 스토리에는 항상 대단한 의지가 등장한다. 하얗게 불태우는 자의 열정은 늘 부럽다. 강한 의지를 갖고 원하는 것을 이루며 살고 싶은데, 왜 나는 그게 안 될까? 부족한 간절함만을 탓하기는 뭔가 아쉽다. 다음은 자칭 의지박약이던 내가 몸부림치며 느꼈던 의지에 관한 것이다.

/// 진짜 욕망을 만난다 ///

TV에서 나온 의지력의 사나이도 평생 의지를 불태우는 것은 아니다. 의지도 때가 있다. 그 사람은 때를 만난 것이다. 정말 좋아하는 일을 만난 시기 혹은 한동안 적당히 성실하게 살다가 얻은 다시없을 기회. 미칠 정도로 좋아하는 일이거나 진짜 욕망이라면 의지를 발휘하려고 애쓸 필요가 없다. 억지 의지를 내보이지 않고도 자연스러운 노력이 가능하다. 좋아하는 일을 하면 악착같은 근성이 생긴다. 단, 이런 케이스의 단점은 진짜 욕망을 만나는 일이 자주 있는 일이 아니라는 것이다. 기회를 놓치지 않기 위해서는 기회를 알아볼 수 있는 눈과 그것을 잡을 만한 능력을 갖추고 있어야 한다.

/// 의지력을 관리한다 ///

진짜 욕망을 만난 것이 아니라면 대부분의 경우 의지는 믿을 만한 대상이 못 된다. 정해진 의지는 방전되며, 의지도 꾸준한 관리가 필요하다는 것이 오랜 시간 의지를 연구한 학자들의 견해다. 지칠 대로 지친 회사 생활, 단순히 '힘내자'라고만 해서 될 일이 아니다. 종종 "의지가 문제야!"라는 이야기를 하지만, 의지의 문제가 아닐 수도 있다. 의지도 근육처럼 노력으로 키울 수 있다.

첫째, 자책하지 않는다. 자책은 의지력 향상에 해롭다. 죄책감과 후회는 '거 봐, 안 되잖아. 하던 대로 해'라는 뇌의 관성에 힘을 실어주는 꼴이다. '아, 내가 또 흔들리는구나', '다시 해보자. 괜찮아'와 같이 알아차림과 받아들임이 의지력을 강화한다. 나는 인간의 의지는 약하다는 사실을 인정하고부터 스스로를 의지박약이라며 괴롭히지 않았다. 목표를 달성하기 위해서는 자책하며 의지력에만 의존하기보다는 환경과

시스템을 함께 조성하는 것이 좋다.

둘째, 뇌와 싸우지 말고 화해를 시도한다. 뇌가 좋아할 만한 다른 욕망으로 유혹하는 것이다. 예를 들어 다이어트 중이라면 '먹지 말자!'라는 다짐만으로는 뇌를 이기기 어렵다. 음식 생각은 더 간절해질 것이다. 차라리 정신을 돌려 몰입할 수 있는 다른 일을 만드는 것이 현명하다. 뇌는 몰입이나 새로운 자극을 좋아한다. '하기 싫어도 해야만 해'라고 다짐하고 압박을 주는 것은 뇌에게 '하기 싫은 일'이라는 생각만 심는 꼴이다. 일에서 재미를 느낄 수 있는 요소를 찾아 색다른 시도를 해보거나 성취감을 느낄 만한 포인트를 찾는다.

셋째, 목표를 쪼개어 성공을 맛본다. '어? 나도 할 수 있네!', '해보니 별거 아니었네'라는 의식을 심어주는 것이다. 아주 작은 성취라도 괜찮다. 이길 수 있는 게임이라는 생각이 들어야 설득하기도 쉽고, 재미도 생긴다. 성공한 경험이 있으면 또 성공할 가능성이 커진다.

넷째, 체력을 기른다. 몸과 정신은 깊이 연결되어 있다. 피로한 몸으로는 의지력을 발휘하기 힘들다. 체력이 안 되면 만사 귀찮아지면서 게으름과 짜증, 분노가 가중된다. 그럴 때는 스트레칭과 명상, 충분한 수면을 취한다. 많은 젊은이가 체력의 중요성을 실감하지 못할 것이다. 운동하는 시간, 잠자는 시간도 아깝다고 여길지도 모른다. 나도 공부할 때는 시간을 내서 운동하라는 조언을 잘 이해하지 못했다. 그러나 당장 급한 것 같아도 대부분 중요한 목표는 장기전이다. 평생에 거쳐 해야 하는 일일 수도 있다. 그렇다면 건강한 몸과 마음을 만드는 것이 먼저다. 평소에 체력을 관리하고 있어야 진짜 필요할 순간에 제대로 의지력을 발휘할 수 있다.

다섯째, 때로는 아무것도 하지 않는다. 아무것도 하지 않는 시간이 주는 힘은 여러 연구 결과와 전문가들의 인터뷰, 사례 등을 통해 증명된 바 있다. 급할수록 중심을 점검하고 내면을 정리한다. 정신없이 떠밀려온 발걸음을 멈춘 채 숨을 고르고 방향도 확인하는 것이다. 일을 더 잘하기 위해서는 휴식이 반드시 필요하다.

3장

(아직 퇴사할 때가 아니라면)

조금만
더 버텨볼까?

"저 회사 그만두겠습니다." 언제쯤 멋지게 이 멘트를 날릴 수 있을까? 퇴사는 직장인의 로망이다. 과감하게 사표를 던질 수 있는 사람이 승자이자 용자가 되었다. 무조건 견디면 바보 소리를 듣기 십상이다. 그런데 사표를 던질 수 '있는'이란 표현에는 많은 의미가 담겨 있다. 나갈 수 있는 것은 능력이다.

무조건 버텨서도 안 되지만, 무조건 나가서도 안 된다. 해볼 만큼 해본 걸까? 먹고사니즘에 나가떨어져 퇴사를 결심했다면 결정을 잠시 보류해야 한다. 해볼 만큼 해봐야 현 직장의 진가가 드러난다. 퇴사의 시대, 직장인 대부분이 이직이나 퇴사를 경험하게 될 것이다. 시대에 내몰리지 않았더라도 길을 걷다 보면 방향을 전환해야 할 때가 온다. 문제는 언제 하느냐와 어떻게 잘 하느냐다.

무작정
퇴사하지
않겠습니다

고단한 밥벌이에
대한 단상

"지금 하는 일 어때?"라고 물으면 대부분 "먹고살려니 어쩔 수 없이 하는 거지"라는 농담 섞인 대답이 돌아온다. '먹고살려니'는 늘 '어쩔 수 없이'를 동반한다. 밥벌이는 기본이고 의무이기 때문이다. 회사는 밥벌이라는 인질로 나를 속박한다. 그만두고픈 수만 가지 이유가 있음에도 불구하고 먹고살려니 그만둘 수 없다.

평소에는 다닐 만 하다가도 아픈 아이를 떼어놓고 출근한 날은 회사에 얽매여 있는 내가 무능하게 느껴진다. 하루 종일 왜 하는지도 모를 남의 일에 끌려다니다 가까스로 퇴근한다. 이제야 자유로운 시간을 만끽하려 해보지만, 퇴근 후에도 노예는 노예다. 퇴근 후의 자유는 공허함으로 채워지기 일쑤다.

최근 인기를 누리고 있는 산山 사람들이 나오는 프로그램 〈나는 자연인이다〉는 자유를 그리워하는 현대인의 지친 마음을 반영하는 듯하다. 의미 없는 경쟁, 열등감과 우월 의식, 물질 만능주의와 과소비, 사회가 만든 몸과 마음의 병. 사람들은 자연으로 들어가 세상을 초월한 삶을 보며 대리만족을 느낀다. 부와 명예를 얻고자 하는 것은 지극히 사회적이지만, 아이러니하게도 돈과 시간의 노예라는 사회적 상징으로부터 벗어나고픈 열망이 담겨 있다. 사회 속에서 자유를 얻는 방법으로 성공(능력)을 선택하는 사람이 있는가 하면, 사회 밖에서 자유를 얻는 방법으로 규제와 서열을 부정하고 자연으로 가는 사람이 있으리라. 전혀 다른 선택인데 두 경우 모두 각광받는 이유는 용기 있게 행동한 끝에 자유를 얻었기 때문이다.

자유를 갈망하지 않는 사람이 있을까? 명령에 굴복하지 않고 주인으로 살고 싶은 것은 인간의 본능이다. 하고 싶을 때 하고, 싫으면 안 하고. 그러나 누구나 그렇게 하고 싶은 대로 하고 살 수는 없다. 인간관계도 마찬가지다. 나보다 못난 직장 상사의 횡포를 당하고 있자니 답답하고, 단지 나보다 좋은 시기에 들어왔다는 이유로 적게 일하고 알차게 받아가는 동료가 얄밉다. 여러 사람이 모인 이상 관계의 어려움은 있게 마련이니 참고 넘어갈 뿐. 특유의 규율이 존재하고, 사람 사이의 갈등이 생기는 것은 조직의 속성이다. 사실 우리도 알고 있다. 다만 그 어쩔 수 없음이 싫은 것이다. 자유를 갈망하면서도 사람들 대부분은 두 경우 중 어느 것도 하지 못한다.

자유에 대한 갈망과 상대적 박탈감 탓에 회사라는 조직이 싫다. 당장 그만두고픈 이유를 자세히 들여다보면 대부분의 문제는 일 자체에 있지 않다. 누가 생계를 보장해준다면 당장 일을 그만둬야 할 테지만, 막상 돈을 벌지 않아도 된다고 해도 계속해서 일하고 싶다는 사람이 의외로 많다. 먹고사는 일은 너무나 당연해서 오히려 별문제가 안 된다. 더 높은 연봉을 위해 이직하는 케이스도 당장 돈이 부족해서라기보다 일에서 다른 만족을 기대할 수 없으니 '돈이나 더 벌자!'가 된 것이다. 단지 밥벌이라서 일하는 게 아니다. 겉으로는 어쩔 수 없이 일한다고들 하면서 우리는 일에서 밥벌이 이상을 기대한다.

일을 주제로 이야기를 나눠보면 '먹고살려니 일한다'로 가볍게 시작된 대화가 '자아실현이나 의미'로 이어지는 경험을 자주 한다. 대개 성취감을 느꼈거나 보람된 경험을 말할 때 의자를 끌어당기며 들뜬 목소리가 된다. 인간은 자신의 욕망에 정직한 것, 의미를 추구하는 삶, 잠재력 발휘 속에서 희열과 행복을 느끼는 것이다. 일은 이를 실현시킬 만한 요소를 모두 가지고 있다. '먹고살기 위해 억지로'라는 생각이 가득 차다 보니 다른 의미가 들어올 자리가 작아졌을 뿐이다.

일생을 먹고 노는 인생에 존재의 의미가 있을까? 일하느라 자유가 억압되기도 하지만, 역설적으로 나의 존재는 일을 통해 자유로워질 수 있다. 자유는 혼자 힘으로도 살아갈 수 있을 때, 스스로 성장할 수 있을 때 의미가 있기 때문이다. 어차피 우리는 세상에 던져졌다. 회사 생활을 벗어나 자유롭게 살고 싶다 한들 돈, 가족에 대한 책임감 등 현실의 요구를 무시할 수 없다. 교과서 같은 삶이 싫어도 사회를 떠날 수 없다면 가능한 한 그 안에서 내 방식을 찾아가며 살아가야 한다. 인생에는 균형이 필요하다. 지금 이 순간을 살되 길게 봐야 하고, 삶의 의미를 찾되 당장 돈을 어떻게 모을지도 고민해야 한다.

조용히 앉아 책을 읽고 글을 쓰는 것이 좋다고 그것만 할 수 있을까? 본분에 충실하지 않고 좋아하는 일만 하려고 한다면 균형이 깨질 것이다. 본분에 충실한 것은 세상을 살아가는 기본이다. 앨더퍼의 ERG이론에 의하면 인간에게는 생존 욕구Existence needs, 관계 욕구Relatedness needs 그리고 성장욕구Growth needs가 있다고 한다. 매일 회사를 그만두고 싶으면서 언제까지 일할 수 있을지를 걱정하고, 인간관계가 짜증난다면서 모두와 잘 지내려 하고, 최소한 정도로 일하고 싶으면서 전문가로서의 성장을 꿈꾸는 것이 우리다.

───── 전문대 패션 디자인학과를 졸업했습니다. 제 꿈은 패션 디자이너였어요. 어렸을 때부터 패션에 관심이 많아서 친구들이 제게 어떻게 입으면 좋을지 조언을 구할 때도 많았죠. 패션 감각이 뛰어나다고 잡지에 제 사진이 실린 적도 있어요.

얼마 전 한 번 사는 인생 제가 하고 싶은 일을 하고 살자며 해외 유학을 결정했어요. 아무래도 백그라운드를 무시할 수 없겠더라고요. 시야를 넓히고 싶기도 했고요. 그런데 집안 형편이 좋지 않은 편이에요. 대학 등록금도 학자금 대출을 받아서 간신히 해결했죠. 지금은 아르바이트를 하며 학자금과 생활비를 충당하고 있기는 한데, 이런 상황에서 유학을 가는 게 과연 맞는지 고민입니다. 유학을 포기하고 구직 활동에 적극적으로 뛰어들어야 할까요? 당장 먹고사는 일이 급하니 일단 아무 일이라도 해야 할까요? 꿈을 포기한 채 하루하루 먹고사는 일에 매달리는 현실을 마주하기가 너무 싫습니다.

어떤 사람은 먹고살기 위해 좋아하지도 않는 일을 하고 있다며 현실을 원망한다. 일은 종종 이루지 못한 꿈과 비교당한다. 하지만 세상에는 꿈과 무관한 밥벌이를 하느라 한참을 기다린 사람들이 있다. 내 이름을 건 식당 하나를 열기 위해 몇 십 년 돈을 모으는가 하면, 하기 싫은 일을 하느라 몸과 마음이 지친 상황에서도 꿈을 이룰 방법을 궁리한다. 결국 꿈을 이룬 사람들은 하기 싫은 일을 하는 것도 꿈을 이루기 위한 과정으로 받아들인 사람들이다. 밥벌이하느라 못 했다는 것은 꿈을 이루지 못한 사람의 핑계일 뿐이다. 가족을 위해, 생계를 위해 어쩔 수 없이 자신을 희생해온 것은 대단한 일이다. 박수를 받을 만하다. 그러나 그것이 곧 꿈을 이루지 못할 이유가 되는 것은 아니다.

꿈도 밥벌이를 바탕으로 한다. 자타공인 좋아하는 일을 하는 사람도 기본적으로 '이게 밥벌이가 될까?'를 고민해야 한다. 논어에는 '회사후소繪事後素'라는 말이 나온다.

그림 그리기는 흰 바탕을 마련한 뒤에 할 일이란 뜻으로, 본질이 있은 후에 꾸밈이 있다는 이야기다. 밥벌이는 일의 본질이다. 좋아하는 일인지, 성공을 했는지는 그다음의 문제다.

"나는 무엇을 위해 어떻게 살아야 하는가? 그것은 생존의 의미입니다." 100세를 사신 김형석 교수의 강의는 '어떻게 살아야 하는가?'라는 철학적 질문에 살아남음과 존재로 답하며 시작된다. 밥벌이를 한다는 것은 스스로를 책임질 수 있다는 뜻이고, 한 사회의 일원으로서 존재한다는 뜻이다. 벌이 꿀을 모으고, 개미가 집을 짓듯 인간은 일을 함으로써 자신의 존재를 드러낸다. 대책 없고 꾸역꾸역이라도 밥을 먹고 산다는 것은 그 자체로 존중받아야 한다. 책임을 다한다는 것은 그런 것이다. 사회가 유지되고 발전하는 것은 수많은 밥벌이가 제자리에서 자신의 역할을 하고 있기 때문이다.

습관적으로 하기 싫다고 그만두고, 조금 어렵다고 뛰쳐나오면 밥벌이도 못 한다는 소리를 듣기 십상이다. 단지 자유를 억압받는 게 싫다고 본분을 포기하는 것은 아직도 누군가가 자신을 책임져주기를 바라는 어린아이 같은 마음에 불과하다. 지금 업무에서 도저히 의미가 느껴지지 않을 수 있다. 그러나 먹고살기 위해서라도, 다른 대안이 없다는 이유에서라도 싫은 나를 억지로 끌고 가며 이만큼 성장시키고 있는 일은 그 자체로 의미가 있다. 일과 꿈은 다르지 않다. 일생을 거쳐 성장해가는 나, 그 자체가 일이기 때문이다. 기본을 지키기 위한 몸부림 덕에 끈기 있게 나아가고 꿈을 설계할 수 있는 것이다.

밥벌이를 존중하면 그동안 만들어온 수많은 '어쩔 수 없이'가 벗겨지기 시작한다. 회사와의 관계에 집착해서 무작정 탈출을 꿈꾸기에 앞서 우리는 밥벌이를 통해 존재를 드러내고 자유를 얻는다는 사실을 기억해야 한다. 누가 시켜서가 아니다. 억지로 회사에 끌려다니며 노예를 자처할 필요 없다. 꼭 내 사업을 하거나 큰 성공을 하거나 산으로 가야만 자유를 느끼는 것은 아니다. 본분을 지키며 내가 만든 한계의 굴레에서 자유로워지는 것이 먼저다. 아무리 바쁘고 세상이 어지러워도 나의 시간과 에너지는 통제할 수 있다. 자유롭지 않은 방식 속에서도 자유를 경험할 수 있다. 먹고사는 일에 대한 진지한 태도 없이 진정한 자아실현과 성공은 얻을 수 없다. 그것이 밥벌이의 힘이다.

섣부른 결정은
후회를 낳고

　입시에 매달려 나에 대해 진지하게 고민해볼 기회를 갖지 못한 채 대학을 가고, 막연하게 직장에 들어가는 것이 한국 청년들의 현실이다. 고3 내내 입시를 준비하고, 대학에 가서는 극심한 취업난을 뚫기 위해 열심히 스펙을 만든다. 드디어 취업 성공! 하지만 기쁨도 잠시 6개월에서 1년 정도 바쁘게 적응기를 보내고 나면 문득 드는 생각이 있다. '이게 정말 내가 바랐던 삶인가?'

　"요즘 채용할 때 지원자들의 스펙을 보면 놀라워요. 그런데 고스펙자들이 들어오니 퇴사 비율이 엄청 높아지더라고요. 이제는 이력서를 볼 때 박사학위를 받은 사람과 해외 대학을 다닌 사람은 어느 정도 거릅니다."

공공기관 컨설팅을 하고 있을 때 어느 직원분이 들려준 말이다. 구직자와 구인자 사이의 매칭 불균형은 이미 오래된 문제다. 어려운 준비 과정을 견디며 높은 경쟁률을 뚫고 입사했다는 자부심이 클수록 현실과의 괴리감도 커진다. 처음부터 주요 업무를 맡길 수도 없는 노릇인데, 단순한 일은 자괴감을 불러일으킨다.

2018년 한국노동패널 학술대회에서 발표된 연구 결과에 따르면 청년층 신입사원의 직무 만족도는 입사 직후 가장 높았다가 시간이 지날수록 감소한다고 한다. 2008년부터 2017년까지 10년간 조사된 한국노동패널 자료를 토대로 35세 임금근로자 3,213명의 직무 만족도 변화를 추적한 결과다. 직무 만족도는 지속적으로 떨어지지 않고 입사 5.5년이 되는 지점을 지나 다시 회복했다. 버티면 나아진다니 좋은 현상이다. 그러나 '회사 생활이 원래 그런 거지 뭐. 다들 그렇게 사는데' 하는 목소리가 들리는 것 같아 직무 만족도 회복이 마냥 반갑지만은 않다. 열정이 먹고사니즘으로 바뀌는 데는 오랜 시간이 걸리지 않는다.

지금 하고 있는 일에 대한 의미와 애정이 사라지고 내가 좋아하는 일은 무엇인지에 대한 고민이 짙어질 즈음 머릿속은 회사를 그만두고 싶다는 생각으로 가득 차기 시작한다. 정보의 다양화와 SNS의 발달로 사회문화를 빠르게 의식하고 개인을 표현하는 데 익숙한 요즘 사람들은 한 직장이 모든 것을 보장해주지 않는다는 사실을 이미 알고 있다. 미래를 보장할 수 없는 곳에서 기업의 부품처럼 사느니 서둘러 내 길을 모색해야겠다 싶다. 평생직장을 바라보며 입사했던 선배들은 입사 후에도 마음을 못 잡고 아웃사이더를 자처하는 그런 후배가 못 미덥다. 그래서 요즘 회사에는 (각자의 입장에서) 꽉 막힌 꼰대 상사가 많고, 이기적인 신입이 많다.

회사 생활은 불공정하거나 불만족스러운 상황의 연속이다. 밖에서는 알 수 없었던 기업 내부의 근무 환경이나 실제 근무 조건을 맞닥뜨리면서 퇴사 의지는 확고해진다. '이직하자', '여기서 빨리 빠져나와야 해!' 나를 찾아야겠다. 그런 마음이 꽉 들어찬 상태에서는 "주저하지 마! 너를 던져!", "도전해!"라는 말이 귀에 쏙 들어올 것이다.

나를 던지는 것은 좋다. 하지만 어디에 던지려고? 그냥 세상에? 준비하고 뛰어들어도 실패 확률이 높다. 진짜 원하는 것을 향한 도전이라면 얼마든지 실패해도 괜찮다. 실패는 성공을 위한 과정이니까. 하지만 원하는 것을 알아야 도전도 하고 실패도 할 것 아닌가. 이직 후 후회하는 경우가 60퍼센트가 넘는다는 조사 결과도 있다. 원하는 것도 제대로 모른 채 무작정 서둘러 퇴사하면 후회할 가능성이 크다.

——— 친한 친구와 며칠 전 말다툼을 했습니다. 서로 날카로워져 있는 상태에서 다른 주제로 대화를 나눴어야 했는데…. 저녁 식사를 하며 힘든 회사 생활에 대해 토로하던 중 친구가 갑자기 "그럴 거면 그냥 때려치워!"라고 큰소리치더라고요. 평소에 퇴사하고 싶다는 말을 자주 하기는 했어요. 퇴사하고 싶은 마음은 굴뚝같은데, 그다음에 어떻게 먹고살지 계획을 세우지 않은 상태였죠. 어느 쪽으로든 결정해야 하는 것은 맞아요. 그렇지만 저는 숙고할 시간이 좀 더 필요했고, 그동안 친구의 위로와 응원을 받고 싶었죠. 친구는 그런 제 모습이 답답하고 한심해 보였나 봐요. 아마 지치기도 했을 거예요. 알아요. 그런데 마음속의 결심을 밖으로 꺼내기가 너무 힘들어요. 어떻게 하면 좋을까요?

"나 퇴사해도 될까?"라고 묻는 사람들은 마음속에 이미 퇴사를 결심한 경우가 많다. 그들은 결심을 확인받는 중이다. "그래. 꿈을 향해 과감히 사표를 던져라!"라고 말해주기를 기다리고 있다. 불안을 잠식시켜줄 만한 지지와 이해를 얻고 싶은 것이다. 책임감이 있다는 것은 인정한다. 그러나 질문에 대한 나의 대답은 거의 항상 부정적이다. 확인받아야 하는 열정은 위험하다. 좋아하는 일이 확고하거나 오래 지속될 강한 열정이면 물어보지도 않는다. 그냥 뛰어든다. 결과가 좋든 나쁘든 일단 무엇이든 시도한다.

퇴사는 충분히 생각하고 천천히 해야 한다. 길고 진지한 것은 빠르게 넘기고 원하는 정보만 습득하는 데 익숙한 우리에게 싫은 곳에 더 머무르라는 요구는 굉장히 곤혹스러울지도 모른다. 당장 회사를 나와야만 뭔가 진행될 것 같은 생각도 들 것이다. 이성보다는 감정이 앞서기 쉽다. 그럴수록 서두르지 말고 몇 번이고 숙고하자. 그만둬야 하는 이유와 퇴사하기 전 준비할 것들, 퇴사를 잘할 방법 등을 스스로 묻고 답해봐야 한다. 진짜 퇴사해도 되는 사람들은 타인에게 질문하지 않고 조용히 준비하는 사람들이다. 철저히 준비된 사람은 다음이 명확하다. 굳이 물어볼 필요 없다.

정체된 순간의 의미

천직을 만나면 가슴이 뛴다는데, 가슴이 뛰지 않는 현재의 일은 의미가 없는 것일까? 전혀 그렇지 않다. 현재의 나는 본모습이 아니라는 것은 올챙이가 "나는 원래 개구리니까 지금의 모습은 내가 아니야"라고 말하는 것과 같다. 올챙이인 지금을 인정하고 거기서부터 천천히 개구리의 모습으로 성장해나가는 것이 내 일을 만나는 과정이다. 올챙이가 본래의 나를 찾는다며 무턱대고 땅으로 가면 살아남을 수 없다. 올챙이로서의 순간을 잘 살아가야만 뒷다리와 앞다리가 나오고, 비로소 개구리가 된다.

얼마 전 예전 직장 동료가 좋은 곳이 있으면 제안해달라며 이력서를 보내왔다. 이제 팀장급, 직장 생활 10년차. 여러 곳을 거쳤지만 한 방향으로 잘 쌓아온 그의 경력을 보니 앞으로 다닐 회사는 알 수 없어도 어떤 일을 하게 될지는 명확히 보인다.

"당장 이직하려는 것은 아니죠?"

"네, 급하지는 않아요. 이제 자유연애를 하듯 회사를 찾는 젊을 때와는 다른 것 같아요. 향후 10년은 함께할 좋은 회사로 가려고요. 제가 가진 역량을 잘 써줄 수 있는 회사가 좋을 것 같아요. 궁합처럼."

높은 연봉을 주는 회사가 아니라 '역량을 잘 써줄 수 있는 회사'를 찾는다는 말이 와 닿았다. 그는 사회 초년생의 입사가 자유연애라면 지금은 맞선 같은 느낌이라고 했다. 원하는 것과 가지고 있는 것이 맞아야 서로 행복해질 수 있는 관계.

"맞아요. 이런저런 사람 만나보며 알아가기보다는 심사숙고해서 선택한 후 같이 성장해야 할 단계죠."

지난 10년 덕분에 앞으로의 10년을 함께하고픈 회사를 찾는 데 여유가 생겼다. 몇 군데 회사를 거치며 마음에 안 드는 곳도 있었을 테고, 힘든 시기도 겪었을 테다. 하지만 내면은 더 단단해져서 다음 회사를 고를 때도 남들과 똑같은 기준에서 나아가 스스로의 선택 기준을 세울 수 있었다.

다양한 경험을 쌓으며 그릇을 키워야 한다. 무슨 일을 잘할지, 어떤 업무에서 재능을 발휘할지는 해봐야 안다. **나에 대한 파악도 덜 된 상태에서 딱 맞는 곳을 찾기란 어불성설이다. 이때는 많이 배울 수 있는 곳이 좋은 회사다.** 일 잘하는 상사와 훌륭한 시스템을 통해 배우면 좋겠으나, 최악의 상사와 고된 환경이더라도 교훈을 얻을 수 있다. 사람을 상대하는 법, 업무를 효율적으로 처리하는 법,

내가 싫어하는 것, 앞으로 피하고 싶은 것 등등.

모든 정체되어 있는 순간에는 찬찬히 주변을 둘러볼 수 있다. 삶은 우리에게 그러한 방식으로 많은 이야기를 건넨다. 당신은 지금 강함과 용기를 배우는 중일지도 모르겠다. 그릇이 견고해지면 지금 담긴 일에서 생각지 못한 의미를 발견할 수 있다. 가슴은 뒤늦게 뛰기도 한다.

모든 일에는 넘어서야 할 한계가 있다

일과 사랑은 헤어질 때도 닮았다. 처음의 설렘이 지나고 나면 실력도 정체되고 재미도 없어지는 무기력한 시기가 찾아온다. 열정이 뜨거울수록 권태기도 빠르다. 인연이 아니라면 당연히 헤어져야겠지만, 조금만 힘들거나 맞지 않는다고 해서 쉽게 다른 사람을 찾아 떠나는 것은 경계해야 한다.

회사가 미래를 보장하지 못하는 시대다. 다양한 도전이 미덕일 수 있지만, 어느 곳에나 존재하는 어려움을 뛰어넘지 못하고 쉽게 다음으로 넘어가는 것은 조심해야 한다. 혹시 일이 진짜로 맞지 않아서가 아니라, 어떤 관계에서든 발생할 수 있는 슬럼프가 온 것은 아닐까? 그렇다면 슬럼프를 극복하려고 노력해야지 다른 짝을 찾아 떠나서는 안 된다.

타협이 안 될 만큼 맞지 않아서 슬럼프가 왔는가 아니면 잘해보고 싶은데 잘 안 돼서 혹은 그저 익숙해져서 온 슬럼프인가? 아직 '잘해보고 싶다면' 남아 있어야 한다. 시간을 더 투자해서 이해하려고 노력해봐야 한다. 그마저도 안 된다면 일단 기다린다. 이제 와 생각하면 참 괜찮은 사람이었는데, 우리는 왜 헤어졌을까? 그 사람을 알아볼 만한 눈을 갖고 있지 못했기 때문이다. 조금만 견디면 해볼 만한 일을 변덕스러운 마음으로 놓쳐버렸을지도 모른다.

퇴사 후에 달라지는 것들

관계가 소원해진 연인에게 이별을 고하고 나면 한동안은 홀가분함에 날아갈 것 같다. 억지로 만나야 할 상대가 없어졌으니 얼마나 편한가. 그러나 시간이 지날수록 알게 된다. 그 사람이 나에게 끼친 영향이 얼마나 컸는지를.

평일 낮에 돌아다니는 여유, 나에 대해 깊이 생각할 시간, 비교적 자유로운 여행 등 퇴사가 주는 아름다운 로망은 짧게 끝이 난다. 여유와 자유가 나만 뒤처지는 것 같다는 불안으로 바뀌는 데는 오랜 시간이 걸리지 않는다. 야금야금 줄어드는 통장 잔고를 생각하면 밤에 잠도 안 온다. 퇴사 후 꽃길이 펼쳐지리라는 기대는 희망 사항에 불과하다.

조직으로부터 벗어나 독립하기 위해 퇴사를 결심하는 사람도 많다. 홀로 서기 위해서는 새로운 가치를 창출하는 열정과 그에 걸맞은 역량이 필요하다. 조직에서는 사람들이 필요로 하는 것을 공급해주는 역할만 잘해도 문제없다. 별생각 없이 다녀도 회사는 잘 굴러가고, 영혼 없이 일한다고 해서 당장 문제가 생기는 것도 아니다. 수익을 내기 위한 새로운 가치 창출은 대표님이 하시거나 기획 부서에서 하면 된다. 기획하는 일을 한다고 해도 나 말고 다른 동료가 있으니 괜찮다. 그러나 홀로 섰을 때는 이야기가 달라진다. **생존을 위해 끊임없이 연구하고 스스로 가치를 만들어나가야 한다.** 굉장한 책임감이 따르고 단단한 각오가 있어야 함을 명심해야 한다.

꼬박꼬박 들어오던 월급이 사라지는 것도 무시할 수 없다. 월급은 항상 통장을 스쳐 지나갈지언정 카드값과 보험료가 자연스럽게 빠져나갈 월급 통장이 있다는 게 얼마나 든든한지 없어지고 나서야 비로소 깨닫는다. 수입은 없는데 모아둔 돈이 점점 줄면 불안해지기 시작한다. 심지어 공포를 느낀다는 사람도 있다. 그래서 퇴직 전 준비해야 하는 사항으로 자금이 중요하다. 수입이 없더라도 한동안 버틸 여력이 안 된다면 아르바이트 등 다른 일을 통해서 고정 수입을 만드는 것이 좋다. 작은 액수라도 고정 수입이 있는 것과 없는 것의 차이는 굉장히 크다.

조직을 떠난 사람들의 상당수가 퇴사 후 생각보다 무력한 자신을 발견했다고 한다. 혼자서 세상을 상대로 비즈니스를 한다는 것은 결코 녹록지 않다. 조직이라는 울타리의 힘은 강력하다. 잘 알려졌든 아니든 회사 이름과 직급이 적힌 명함을 건네면 더 이상 나를 설명할 필요가 없다. 그 후광이 사라지면 그제야 냉혹한 현실의 벽을 실감하게 된다. 능력과 경력이 있으니 재취업이 쉬울 거라고 판단하지만, 잘 풀리는 사람은 드물다. 재취업에 실패하면서 장기 실업자가 되는 케이스도 많다. 갖고 있는 것을 놓기는 쉬워도 다시 회복하기는 어려운 것이다.

퇴사 후 규칙과 통제에서 벗어난 자유로움은 달콤하다. 그러나 체질적으로 자유로운 영혼이 아니라면 이내 아침마다 갈 곳 있는 사람들이 부러워질 것이다. 나태한 생활이 지속되면 무기력이 찾아온다. 일어나고 싶을 때 일어나고, 먹고 싶을 때 먹고, 자고 싶을 때 자다 보면 뒤처지는 것은 한순간이다. 어느 정도 시간이 지나면 출퇴근하듯 빡빡할 필요는 없더라도 규칙적으로 스케줄을 짜서 자기 관리를 해야 한다.

모든 일에는 장단점이 있다. 이미 퇴사를 했다면 가능한 한 거기서 대안을 찾아야 한다. 하지만 아직 선택권이 있다면 퇴사하기 전 충분히 앞으로 직면하게 될 상황에 대해 생각해보자. 2017년 11월 통계청 조사를 보면 전체 실업자 중 30퍼센트가 1년이 넘도록 새 직장을 찾지 못한 '1년 이전 취업 유경험 실업자'로 나타났다. 예상되는 어려움은 미리 대비하고 준비된 상태에서 나와야 후회 없는 퇴사를 할 수 있다.

나에게 집중하는 시간,
갭 타임Gap Time

—— 이직을 고민 중인 2년차 직장인입니다. 입사한 첫해는 업무에 적응하느라 바빴습니다. 저를 돌아볼 시간이 아예 없었어요. 저는 대학 졸업 후 남들보다 비교적 쉽게 회사에 들어갔습니다. 너무 막연하게 취업해서였을까요? 회사를 다니면서 내가 하고 싶은 일을 찾고자 했습니다. 그런데 회사 일과 병행하는 것이 쉽지 않더라고요. 일을 그만두고 1년간 갭 이어Gap Year를 가지면서 제가 하고 싶은 일을 찾아보고 싶어졌습니다. 뭐 아직 구체적인 계획을 세우지는 못했어요. 주위 사람들은 이런 제게 현실성은 고려하지 않은 채 도망치고 싶은 마음에 휘둘리는 것이라고 한마디씩 합니다. 어릴 적부터 해왔

어야 하는 고민을 이제서라도 해보려는 제가 이상한가요?

퇴사 후 시간을 가지며 나를 돌아보겠다고 생각하는 사람이 많은 것 같다. 다음 단계에 대한 구체적인 아웃 라인이 나온 상태에서 계획된 준비 시간을 가지는 것은 괜찮다. 그동안 지친 몸과 마음을 회복하기 위한 것이라면 소기의 목적을 달성할 수 있다. 하지만 단지 나를 알기 위한 직장인의 갭 이어는 찬성하지 않는다.

짧은 기간 자신이 하고 싶은 일을 해보면서 흥미나 적성을 찾을 가능성은 크지 않다. 회사를 안 다니고 하루 종일 고민할 시간이 있다고 해서 바로 창업(전업) 아이디어가 떠오르는 것도 아니다. 구체적인 계획이 없다면 갭 이어 후 얻는 것이 생각보다 적을 수 있다. 게다가 1년의 공백기는 위험 요소가 많다. 새로운 직장에서는 전 직장을 그만두고 1년간 나를 돌아봤다는 사람에게 좋은 점수를 주지 않는다. 오히려 '여기에서도 어려움에 부딪히면 쉽게 그만둘 수 있겠다'라고 판단하는 것이 보통이다(물론 업종 및 회사마다 다르다).

차라리 갭 타임 Gap Time**을 가지면 어떨까? 갭 타임은 일상에서 벗어나 조용히 나를 관찰하고 미래를 설계하는 시**

간이다. 새로운 일을 찾기 위해 1년을 쓰기보다는 위험 부담을 줄여 하루에 한 시간 만이라도 온전히 나에게 집중하는 시간을 만들어본다. 타인의 방해가 없어야 하므로 새벽이나 밤이 좋지만, 정해진 시간이 있는 것은 아니다.

나는 새벽에 일어나 고요한 시간을 보내며 세상을 떠난 자유를 경험했다. 새벽은 오롯한 나를 만나는 시간이었고, 욕망에 충실한 야생의 시간이었다. 심리학자 미하이 칙센트미하이 교수에 의하면 인간은 창의적인 순간에 가장 큰 행복을 느끼는 속성이 있다고 한다. 창조의 시간, 나를 분석하는 시간, 전략을 짜는 시간. 그 시간에는 내가 보인다. 내가 원하는 것, 세상에 가치를 주는 것, 세상에 기여하고 싶은 것이 보인다. 그때를 이용하여 나와 세상의 연결을 생각해본다. 나에게 최적화된 인생 전략을 짜고 목표와 방향을 설정한다. 진로 방향이 설정되고 퇴사에 대한 입장이 정리되면 갭 타임을 이직을 준비하는 시간으로 활용한다.

"몇 년에 한 번은 치열하게 내 인생에 대해 고민해. 그러고 나면 어떻게 살아야 할지 방향이 조금 잡히더라고."

오래전 동료가 했던 말이다. 정신없이 바쁘게 돌아가는 와중에 눈앞의 일들만 처리하다 보면 일상에 끌려다니느라 방향을 잃기 쉽다. 그러나 전략을 수립하고 인생의 방향키를 잡으면 빼앗긴 일상의 상당 부분을 내 것으로 끌어올 수 있다. 문제의 원인을 파악하고 개선할 부분은 없는지 살피다 보면 지금 다니는 회사의 의미도 다시 보이기 시작한다. 의미를 발견하면 회사에서 보내는 시간이 마냥 무료하지만 않을 것이다. 짧은 갭 타임을 통해 긴 하루의 활력을 얻을 수 있다.

나에게 집중하는 시간을 가지면 문제가 생겼을 때 먼저 나를 돌아보는 습관이 생긴다. 어려움이 닥쳤을 때 무조건 주변 탓을 하는 것은 실패하는 사람들의 공통된 특징이다. 회사가 별로라서, 업무가 문제라서, 이상한 후임 때문에…. 실제 그렇더라도 나에게 집중할 수 있다면 남이나 환경을 탓하며 불평불만만 쌓는 게 아니라, 내 안을 들여다보며 해결책을 찾게 된다. 바뀌지 않는 외부를 바꾸려고 분노하기보다는 나를 바꾸고 편해지는 방법을 선택한다. 주변을 대하는 태도의 성숙은 그다음 일도 더 잘하게끔 하는 토양이 된다.

'회사 생활만 해도 빠듯하고 힘든데, 일찍 일어나는 것은 무리야'라고 생각하는 사람도 있을 것이다. 어제와 똑같은 오늘, 오늘과 똑같은 내일을 보내면서 달라지기를 기대할 수 없다. 퇴사를 고민한다면 삶의 변화가 필요하다는 증거다. 그 정도의 수고와 무리는 감수해야 하지 않을까? 새벽에 일찍 일어나는 게 편한 사람도 있을 것이고, 새벽보다는 밤이 유리한 올빼미족도 있을 것이다. 모두가 새벽에 일어날 필요는 없다. 중요한 것은 나만의 시간을 확보하는 것이다. 하고자 하는 마음이 있다면 평소보다 15분 일찍 일어나는 것으로 시도해볼 수 있다.

　습관이 되기까지는 노력이 필요하다. 하지만 몇 번 시간 확보에 성공하고 그 시간의 가치를 알게 되면 굉장한 힘을 들이지 않고도 할 수 있음을 알게 될 것이다. 갭 타임은 미래를 대비하는 확실한 방법이다. 회사를 다니며 매일 나와 만나는 시간을 꼭 가져보기를 그리고 그 시간을 통해 차근차근 삶을 설계해나가기를 바란다.

: SIDE NOTE

찰스 두히그는 《습관의 힘》에서 우리의 뇌가 습관을 만들려면 '신호-반복 행동-보상'의 3단계 고리가 순환되어야 한다고 했다. 내가 느낀 나만의 시간을 확보하는 방법도 이와 크게 다르지 않다.

첫째, 한 번은 반드시 (무리해서라도) 평소의 패턴을 벗어나서 그것이 얼마나 좋은지 느껴본다. 처음이 가장 어렵다. 순간의 열정이라도 불러일으키는 변화가 있다면 수월하다. 나는 유튜브에 동영상을 올리는 것이 계기가 되어 자연스럽게 새벽에 눈이 떠졌다. 잠의 유혹을 억제하려고 애쓰기보다는 새로운 욕구에 주목했다. 좋아야 또 하게 된다. 갭 타임에는 본성에 충실하여 몰입할 수 있는 일을 하고, 습관을 지킴으로써 생기는 부수적 효과를 곱씹어 누린다.

둘째, 할 수밖에 없는 환경을 만든다. 새벽에 일어나는 것은 누구나 귀찮고 힘들다. 세계적인 무용가 트와일러 타프는 자신의 성공 비결을 매일 새벽 5시 30분 택시 문을 여는 순간으로 꼽았다. 그녀는 새벽에 연습장으로 가기 위해 택시를 불렀다. 일어날 수밖에 없는 환경을 만든 것이다.

셋째, 이유를 불문하고 행동한다. '오늘은 중요한 회의가 있어서 잠이 부족하면 안 돼', '어제 늦게 잠들었으니까 오늘은 그냥 넘어가자' 등 핑계를 대지 않는다. '조금만 더 누워 있자' 하다 보면 머리가 자기 합리화를 하기 시작하므로 이런저런 생각이 들기 전에 벌떡 일어난다.

넷째, 새벽에 할 것들의 목록을 작성하고 순서대로 진행한다. 딱히 할 일이 없어서 대충 졸면서 시간을 때웠다면 다음에 또 굳이 일어나지 않을 것이다. 습관이 될 때까지 작은 일(일어나 물 마시기, 음악 들으며 글쓰기, 스트레칭 등)부터 차근차근 해나간다.

다섯째, 하루 이틀 실패했더라도 괜찮다. 완벽하지 않았더라도 반복 또 반복한다. 30분이든 10분이든 한다는 것에 의의를 둔다. 오늘 못 했더라도 실망하지 말고 다음 날 바로 이어간다. 실패의 반복은 언젠가 성공으로 이어진다.

슬기로운
조직 생활

　사실 나는 조직에 들어가면 조직의 희생양이 되어 조직을 위해 일해야 한다고 생각했다. 그래서 회사가 싫었다. 어떻게든 조직을 피해 '나를 위해' 일하고 싶었다. 나중에 알았다. 회사에서 나를 위해 영어도 가르쳐주고, 리더십·실무 교육도 시켜준다는 것을. 자기계발 비용을 제공하는 회사도 있다.

　"일하러 가는 거지 뭐." 해외 출장을 몇 번 다녀온 동생은 자신이 좀 더 폭넓어졌다는 사실을 잘 모르는 것 같다. 대가를 치르지 않는 것에 대해서는 소홀하기 쉽다. 나도 회사에 다닐 때는 의무적으로 듣는 영어 강의가 귀찮았다. 내 돈 내고 강의를 들어야 하는 지금에 와서야 '그때 회사에서 제공하는 기회를 잘 이용해볼걸' 하는 생각이 든다. 많은 회사가 다양한 직원 교육 프로그램을 마련해놓고 직원들의 역량 향상을 위해 힘쓴다. 비용을 지원하며 휴가를 권장하고, 장기 근무한 직원에게는 리프레시 기간을 주기도 한다. 잘 쉬어야 생산성을 높일 수 있다는 점을 알기 때문이다.

우리가 취업하느라 힘든 만큼 회사도 인재를 찾느라 고심한다. 좋은 직원은 회사의 최고 자산이다. 열심히 교육시킨 직원이 이제 퍼포먼스를 보여주리라 기대할 때쯤 퇴사한다고 하면 회사에는 큰 손실이 아닐 수 없다. 직원한 명이 퇴사하면 인사팀이나 해당 팀장은 마이너스 평가를 받기도 한다. 회사는 직원의 퇴사를 막고자 최대한 노력한다.

평생을 보장하지 못하는 것은 나도 회사와 똑같다. 조직에 있는 동안 회사만 나를 이용하는 게 아니라, 얼마든지 나도 조직을 이용할 수 있다. 회사를 돈벌이 수단으로만 보지 말고 적극적으로 활용해서 내 능력을 업그레이드하는 것이다.

회사에서 얻을 수 있는 것

머리로만 아는 지식은 실전에서 성공을 보장하지 못한다. 다이어트 박사라고 다이어트에 성공하지 않고, 연애 지식이 빠삭하다고 연애를 잘하지 않는다. 재테크 상식이 아무리 많아도 직접 해봐야 실력이 는다. 마찬가지다. 잘 알고 있는 회사라도 밖에서는 볼 수 없는 내부의 일들이 있다. 업무에 대한 사전 지식은 본격적인 업무를 시작하기에 앞서 도움이 될 수 있으나, 실제 일은 '나'라는 변수가 들어가면 어떻게 변할지 모른다. 그런 의미에서 회사 생활만큼 좋은 현장 실전 학습이 없다.

회사에서 직접 부딪치는 실무는 능력 향상에 효과적이다. 이론서의 예시를 푸는 것보다 필요에 의해 공부하며 실전에 바로 활용하는 것이 훨씬 능률적이다. 내가 다녔던 컨설팅 회사에서 신입 컨설턴트는 RA(리서처 어시스턴트)로 시작해서 프로젝트 현장에 곧바로 투입된다. 현장에서 배우면서 일하라니 처음에는 잔인하게 느껴졌다. 하지만 확실히 빠르게 성장하는 느낌을 받았다. 어떤 일을 만나면 일단 거시적으로 스케줄을 짜고, '안 되는 일도 되게!'라는 마인드로 접근하고, 효율적으로 생각하는 습관이 생겼다. 회사에 안 다녔으면 PPT도 엑셀도 지금처럼 다루지는 못했을 것이다. 어디서나 필요한 문제해결 능력도 조직에서 배웠다.

물론 조직 생활은 어렵다. 윗사람의 분위기를 맞춰주고 아랫사람의 눈치까지 살피자니 일보다도 사람에 치이는 기분이다. 그런데 회사에서 만나는 사람은 선택할 수 없다. 싫으면 안 봐도 되는 개인적인 사이와는 다르다. 저 인간이 없어지거나 내가 그만두지 않는 이상 보기 싫어도 봐야 한다. 게다가 일로 얽혀 있다 보니 계산적으로 되기 쉽다. 아무리 인간성 좋은 동료도 일을 못하면 나에게 직접적인 피해가 오기에 꺼려진다.

나는 왜 이렇게 인복이 없냐며 한탄할 수도 있다. 그러나 조직을 떠나본 사람들은 그나마 회사 안에서는 상식이 통했다는 이야기를 한다. 회사는 채용 과정을 거쳐 기본적인 자질을 검증받고 일적으로 비슷한 관심사를 가진 사람들이 모인 집단이다. 회사 밖은 어떤가. 나와는 전혀 다른 상상 이상의 사람들이 있다. 커피숍을 하면서 제일 힘든 부분은 가게에 들어오는 이상한 사람과 진상 손님을 상대하는 것이라는 이야기를 들은 적이 있다. 일의 속성상 무엇을 해도 관계 형성은 필수다. 혼자 일하더라도 결국 사회와의 관계를 피할 수 없다.

조직 생활을 통해 어떤 환경에서 어떤 성향의 사람과 일하는 것이 잘 맞는지 경험할 수 있는 것은 물론, 다양한 사람을 상대하는 법을 배울 수 있다. 조직에서 좋은 관계를 유지하는 것은 굉장한 노력이 필요한 일이지만, 사회생활의 진짜 스킬은 어려운 사람과 잘 맞지 않는 사람을 상대하며 는다.

회사 다니기 엄청 싫었던 때가 있었다. 사무실에 들어가기 싫어 업무 시작 직전까지 근처 커피숍에서 시간을 때웠다. 일하다가 버스가 끊겨 택시를 타고 들어간 적도 있었다. 어느 날씨 좋은 토요일이었다. 회사에 나와 종일 일했는데도 내 손에는 다음 날 집에서 해야 할 일이 들려 있었다. "노트북이 왜 이리 무거워." 애꿎은 가방을 탓하며 사람 많은 지하철에서 창피한 것도 잊고 울어버렸다. 그 무렵 토 나오는 작업량을 소화하며(과격한 표현이지만 그때 내 심정이 정말 그랬다.) 옆에서 일하시는 팀장님께 나도 모르게 투정을 부렸다. "팀장님, 정말 너무 힘들어요. 못 하겠어요." 팀장님은 "지금 여기 할 만한 사람이 어디에 있니?"라며 심드렁하게 대꾸하셨다. 그러고 보니 팀장님도 며칠째 거의 밤샘 모드다. 나는 아무 말도 할 수 없었다. 다들 그렇게 꾹 참으며 일하고 있었다.

보통 일이 쉬우면 사람들이 어렵고, 일이 어려우면 사람들이 좋다고 한다. 어려운 프로젝트를 함께하며 고비를 넘기다 보면 동료애가 쌓인다. 힘든 일을 끝내고 마시는 술 한 잔, 일하는 중간에 맛보는 차 한 잔을 통해 서로에게 공감하고 의지하다 보면 '이게 일하는 맛이구나' 하는 생각이 들기도 한다. 나는 아직도 가끔 회사에서 만난 인연들이 그립다. 입사 초기 동기들과 회사 창밖을 바라보며 나눈 이야기부터 눈물 쏙 빠지게 혼낸 후 진지한 조언을 해주신 상사까지. 직장인이 아니었으면 경험하지 못했을 추억이다. 돌이켜보면 그 시절 나와 동료들은 회사에서 함께 성장했다.

조직이 주는 혜택 챙기기

'내 주위에 좋은 선후배는 눈 씻고 찾아봐도 없는데?', '조직에서의 성장은 다닐 만한 회사에서나 통하는 이야기지!' 이렇게 간주하는 사람도 있을 것이다. 중소기업의 장점을 주제로 만들었던 나의 동영상에는 가장 많은 악플이 달렸다. '일터에는 괴롭힘이 있다', '원치 않는 사내 정치가 있다' 등 회사에 시달리는 사람들에게 조직을 이용하라는 말은 교과서 같은 소리로 들릴지도 모른다. 무슨 일이든 얻는 점이 있다고는 하나, 힘든 일은 가능한 한 피하고 싶은 게 사람 마음이다. 회사가 주는 다양한 기회도 따지고 보면 좋은 성과를 내라고 제공하는 것이다. 그래도 기왕 하는 거 부정적인 측면만 부각하여 수동적으로 꾸역꾸역할 필요 있을까?

회사 일은 아무리 애써도 허무하다. 잘해보려는 의지도 희미해져 분명히 덜 노력하고 있는데, 하루하루 소모되는 기분. 하지만 그럴수록 내 안에서 조직이 가지는 가치를 점검해봐야 한다. 회사의 문제점을 파기에 앞서 질문의 중심을 '나'로 돌려보는 것이다.

우리는 일을 통해 세상과 만난다. 회사는 세상과 나를 연결하는 통로다. 힘이 없을 때는 혼자 가는 것보다 조직과 함께 가는 것이 쉽다. 조직은 적어도 장소 제공과 물품 조달은 해준다. 이기적이라고 해도 그래야 나도 발전하고 조직도 발전한다. 서로가 성장하는 계기가 되어야 하는 것이다. 장기적인 관점에서 지금 회사가 내 커리어에 미치는 가치를 따져보자. 아직 다녀야 할 이유를 발견할 수도 있고, 떠나야 할 이유가 명확해질 수도 있다. 어느 쪽이든 의미가 생기면 일을 대하는 태도가 바뀔 것이다.

—— 아무리 봐도 제가 뭘 잘못했는지 모르겠어요. 원칙은 언제든 깨질 수 있는 거 아닌가요? 나쁜 원칙이라면 더더욱 깨져야 하고요. 줄곧 이렇게 일해 왔다면서 같은 일을 세 번, 네 번 하게 만드는데 못 참겠더라고요. 한 번에 처리할 수 있도록 분명하게 말해주면 좋겠다고 이야기했더니 화만 돋운 격이 되고 말았습니다. 도리어 제게 융통성을 발휘하라고 하더라고요. 정말 제가 잘못한 건가요?

의미 없는 프로세스와 허울뿐인 명분을 위한 일을 처리하다 보면 쉴 새 없이 한숨이 나온다. 회사란 조직은 너무 정의롭거나 합리적인 사람은 다니기 힘든 구조로 되어 있는 듯하다. 내 의지와 상관없이 부정적인 상황에 놓이는 경우도 비일비재하다. 상황은 쉽게 바뀌지 않는다. 그러나 상황을 바라보는 태도는 달리할 수 있다. 어떤 상황에서든지 '이 환경 속에서 내가 무엇을 할 수 있을까?'를 생각하다 보면 아이디어가 떠오른다.

아는 회사 대표님은 사원 시절 매일 하던 업무에서 따로 모아 분석하면 좋을 것 같은 데이터를 발견했다고 한다. 동료들은 기존 방식을 그대로 답습할 때 오랜 시간에 걸쳐 조금씩 데이터를 정리했고, 결국 그 자료를 기반으로 새로운 기법을 만들었다. 그의 업무 기법은 한참이 지난 지금까지도 해당 회사의 매뉴얼로 사용되고 있다. 자신의 일이 반복적으로 이루어진다는 것을 깨닫고 스스로 매크로를 공부하여 업무에 적용시킨 사례도 있다. 아침에 매크로를 돌리고 나면 시간이 많이 남아 업무 시간에 여유가 생겼다고 한다.

같은 일을 해도 주어진 대로만 하는 사람이 있는가 하면, 시키지 않아도 효율적으로 할 방법을 연구하는 사람이 있다. 어떻게 하면 더 좋은 방법으로 일할까 고민하는 습관은 어떤 일을 맡더라도 일 잘하는 사람이 되게끔 하는 요소다. 열린 자세로 새로운 것을 학습하고 작은 아이디어라도 실행에 옮기면 경쟁력이 강화된다. 아이디어의 실현을 통해 자신감과 성취감을 얻으면 어느새 회사도 다닐 만한 곳이 된다. 최악의 상황에서 같은 일을 해도 누군가는 성과를 내고 승진을 한다. 일의 성공 여부와 만족도는 어떤 일을 하느냐보다 어떻게 하느냐에 달려 있다.

회사의 비전과 내 비전이 맞으면 좋겠지만, 꼭 그럴 필요는 없다. 어느 곳이든 보장된 종착지는 아니니 회사의 비전과 별개로 내 커리어의 설계도를 쥐고 있어야 한다. 무슨 업무라도 설계도에 비춰 해석해볼 수 있다. 주어진 업무에서 도움이 되는 부분을 찾고, 조직의 자원을 활용해서 능력을 향상시킨다. 존경할 만한 상사, 배울 만한 동료가 없다면 내가 먼저 그런 동료가 되어주는 것도 방법이다. 보람된 경험과 좋은 관계는 결국 나의 재산이 된다. 누구보다 나를 위해 마음을 적극적으로 바꾸는 노력을 해보자.

긍정 마인드로 무장하고 무조건 희생하라는 말이 아니다. 어떤 관계든 한쪽의 계속된 희생은 바람직하지 않다. 일방적으로 희생하고 있다면 적극적으로 퇴사를 고려해야 한다. 그러나 그 희생이 상당 부분 내가 자초한 것이라거나, 노력을 통해 변화를 줄 수 있는 것이라면 서로를 위한 발전적 고민을 하는 것이 현명하다.

회사 생활은 힘들다. 나를 희생한다고 생각하면 더 쉽게 지친다. 특별히 잘못하지도 않은 회사에 대고 울컥 화가 치밀기도 한다. 누가 시키지도 않았는데 혼자 참다 결국 못 참고 퇴사하면 나에게도 조직에도 손해다. 그러니 차라리 덜 희생하는 것이 낫다. 일하면서 '기꺼이'란 생각이 안 든다면 '적당히'가 나을 수도 있다.

조직에 너무 얽매이지 말자. 불합리하다고 느낀다면 억울하지 않을 만큼만 일하는 요령도 필요하다. 조직에 대한 과한 기대를 줄이고, 나에 대한 기대를 늘려보자. 조직에 화내지 않고 조직과 내가 건강하게 오래갈 수 있는 비결이다.

: SIDE NOTE

미래를 대비하기 위해 무슨 준비를 하면 좋겠냐는 질문을 받으면 나는 최대한 본인이 해본 일과 관련된 것을 찾으라고 한다. 기질과 욕망에 따라 새로운 분야에 과감하게 도전해보는 것도 좋으나, 특별히 그런 것이 발견되지 않는다면 어떻게 내 일을 발전시켜 나만의 경쟁력으로 만들지 연구하는 게 낫기 때문이다.

많은 직장인이 불안한 미래를 대비하기 위해 따기 쉬운 자격증을 알아본다. 하지만 어느 분야든 진입이 쉽다는 것은 살아남기 위해 더 잘해야 함을 의미한다. 똑같은 자격증을 갖고 있어도 관련 경험의 유무에 따라 다음 선택의 폭이 달라진다. 다른 강점이 없다면 흔한 자격증만으로 버티기 어렵다.

잘하든 못하든 기존 업무와 관련된 일은 그것만으로 다른 분야의 사람들에게는 진입 장벽이 된다. 업계에서 일을 해본 사람에게만 보이는 시야가 있다. 전문성을 키워야 할 분야는 그런 곳이다. 보편적인 것을 대상으로 해야 유리할 것 같은데, 특수한 분야라도 니즈는 있게 마련이다. 경험자가 적을수록 경험은 그 자체로 능력이 된다. 내가 일했던 분야는 시간과 노력이 투영된 자신만의 강점이다.

회사를 다니면서 그 분야의 네트워크를 쌓아두고, 어디서나 활용할 수 있도록 효율적으로 일하는 법을 배워보자. 회사에서 취득한 지식과 기술 등 내가 소유한 가치에 대해 틈틈이 고민하고, 이것을 세상에 내놓을 수 있는 방법을 구체화해본다. 프리랜서로서의 영역을 꾸준히 다져놓거나, 사업에 필요한 경영 지식과 업계 흐름을 알아두는 것도 좋다.

피로한 일상에 너무 치인 나머지 막상 그만두면 두 번 다시 되돌아보기 싫을 수도 있다. 실제로 퇴사를 결심하는 사람 중 상당수가 앞으로 동종 업계에서는 일하고 싶지 않다고 말한다. 그러나 회사에서는 지루했던 일이라도 회사 밖에서 하면 또 다르다. 다른 방식으로 하면 재미가 생기기도 하고, 어떤 환경에서 어떤 사람과 일하느냐에 따라 만족하며 일할 수도 있다. 기회는 자주 있는 것이 아니다. 과거의 경험 때문에 자신의 가능성을 제약하는 것은 바람직하지 않다. 싫어하는 일, 질려버린 분야라는 선을 긋지 말고 업무와 관련된 다양한 기회를 열린 마음으로 받아들이는 자세가 필요하다.

끝날 때까지
끝난 게 아니다

성급하게 퇴사를 단행하는 사람들은 퇴사 후 훨씬 나아질 상황을 기대한다. 하지만 퇴사 후 현실은 생각보다 냉혹한 경우가 많다. 두려움을 피해서 간 길은 당장은 쉬울 것 같아도 결코 쉽지 않다. '아, 저 사람과 마주치기 싫다'라고 생각하면 정말 희한하게 또 마주치게 된다(질량 보존의 법칙은 회사 생활에도 적용된다). 이게 싫어서 퇴사하면 더 큰 혹은 유사한 사유로 다음 직장에서 고통받는 일이 허다하다.

이득에서 느끼는 기쁨보다 그와 똑같은 수준의 손실에서 느끼는 고통이 더 강하다고 한다. 이직을 선택한 사람은 원래 있던 곳에서 문제를 만났을 때보다 새로운 곳에서 비슷한 문제에 부딪혔을 때 더 큰 혼란에 빠진다. '그좋은 기회를 놔두고 퇴사했는데…. 아, 이럴 줄 알았으면 그냥 거기에 있을걸. 왜 이직한 거지?' 피해서 온 어려움이 여기에도 있음을 발견하면 새 직장을 온 이유는 눈 녹듯이 사라져버린다. 어디를 가든 어려움은 있게 마련이지만, 이쯤 되면 머릿속은 더 복잡해진다.

신경증을 극복할 때 효과적인 치료 방법 중 하나는 걱정에 주의를 빼앗기기 전에 공격하는 것이다. 정면 승부. 공격이 최고의 방어인 셈이다. 퇴사의 기로에 놓여 있다면 먼저 선택의 이유에 대해 솔직해져야 한다. 회사가 당신에게 아직 가치 있는 존재라면 퇴사는 정면 승부가 아니다.

선택에는 기회비용이 따르게 마련이다. 조건의 가중치를 두고 중요하지 않은 조건은 덜 신경 쓰도록 한다. 모든 조건을 만족시킬 수 없음을 받아들이고 그 안에서 할 수 있는 일을 찾는다. 구더기 무서워서 장 못 담글까. 나의 목표와 꿈이 중요하다면 상사 및 동료로 인해 상한 감정이나 회사의 불합리한 시스템은 부수적인 것들이다. 장기적인 비전은 순간적인 감정보다 존중받아야 한다. 당장 나가고 싶더라도 앞일을 위해 좀 더 버텨야 할 필요가 있을지도 모른다. 미우나 고우나 내가 선택한 회사다. 선택했을 때는 나름의 이유가 있었을 것이다. 중요한 결정에서 중요하지 않은 요소를 기준으로 결정하면 나만 손해다.

회사에 문제가 있다면 근본적인 해결책은 공격이다. 두렵더라도 다른 길로 가지 말고 원하는 것을 향해 곧바로 가야 한다. 현실을 직시하고 그 안에서 두려움을 극복하는 것이다. 우리는 종종 눈앞의 닥친 어려움을 회피하기 위해 성급한 결정을 내린다. 선택의 순간에는 그 이유가 너무 크게 느껴지기에 충분한 합리화가 가능하다. 하지만 냉정히 따져보면 합리화된 이유는 극복해야 할 문제인 경우가 많다. 운전할 때 반대 차선의 차가 무섭다고 길가로 바짝 붙으면 오히려 더 위험하다. 다가오는 차를 급하게 피하려다가 다른 쪽에서 더 큰 사고가 난다. 마찬가지다. 충동적으로 결정한 퇴사에서 내부의 불만 사항이나 상사와의 부조화는 반대 차선의 차다. 퇴사의 이유가 아니라 극복 대상이 되어야 한다.

개선에 대한 노력 없이 불만만 가득한 사람이 많다. '말하는 대로' 된다고 불만을 달고 살면 상황은 더욱 꼬일 뿐이다. 회사나 주변을 원망하거나 자기 연민에 빠져 있는 것은 시간 낭비다. 뭔가 잘못된 것 같다면 신세를 한탄할 시간에 내가 처한 환경에서 어떻게 하면 문제를 해결할 수 있을지 궁리하는 편이 낫다.

나와 상대를 변화시키는 유연한 전략

정면 승부는 어려운 상황에 맞서 싸운다기보다는 회피하지 않고 흡수한다는 의미에 가깝다. 잔인하게 들릴지 모르겠으나, 닥치면 다 할 수 있다. 사람의 능력은 생각보다 크다. 되도록 힘든 상황을 만들려고 하지 않기 때문에 써먹지 않을 뿐이다. 죽으라는 법은 없다고 다가오는 문제를 회피하지 않고 풀어야 할 대상으로 받아들이면 그때부터는 해결할 수 있는 힘이 나온다. 감수해야 할 과정으로 생각하고 받아들이면 어떤 상황이라도 그 안에서 해답을 찾을 수 있다. 회피하지 않고 정면 승부를 해봤다면 설령 실패했다고 해도 무언가를 배우게 된다. 퇴사했든 아직 하지 않았든 해볼 만큼 해봐야 쓸모 있는 경험이 되는 것이다.

꾹꾹 참았다가 퇴사로 폭발하는 것은 고수의 자세가 아니다. 어려움이 있다면 조직 내부나 외부에 도움을 요청해보자. 눈치 없이 무작정 요구하면 밉상이 되지만, 요청은 사회생활의 주요한 스킬이다. 원하는 바를 효과적으로 얻어낼 줄 알아야 한다. 개중에는 요청하는 것이 어색하고 불편한 사람도 있을 것이다. 그렇다면 회사 입장을 생각해보자. 회사도 직원이 자신의 적성에 맞는 업무를 맡아 성과를 내주기를 바란다. 멀쩡한 직원이 나가기를 바라는 회사는 거의 없다. 털어놓으면 해결할 수도 있는 문제를 혼자 안고 가다 퇴사하면 나도 회사도 손해다. 회사와 나는 같은 배를 타고 있는 것이다. 관계 유지를 위해 진실하게 이야기하면 무시할 리 없다.

업무든 인간관계든 복리후생이든 자신이 처한 상황과 어려움을 이야기해보면 의외로 회사는 들을 준비가 되어 있음을 알게 된다. 풀어주려고 리프레시 휴가를 줄 수도 있고, 팀 교체나 부서 이동을 제안할 수도 있고, 연봉 협상을 추가적으로 할 수도 있다. 실제로 퇴사까지 고려하고 있다는 의사를 밝히면 이러이러한 것들을 제시하며 회유하는 경우가 많다. 물론 한 번 퇴사 의사를 밝힌 직원은 언제든 마음이 바뀔 수 있다고 생각해서 주요 업무를 맡기지 않을 수도 있다. 감정적으로 퇴사를 선언했다가 정말 퇴사해야 할지도 모른다. 이런 상황을 방지하려면 애로 사항을 구체적으로 이야기하고 그 문제를 해결하고 싶다는 의사를 명확하게 밝힌다. 좀처럼 입이 떨어지지 않는다면 어떻게 말할지 미리 연습해두는 것도 방법이다. 퇴사하려고 결심까지 했는데 뭔들 못 하겠는가. 상황이 바뀔 여지가 있다면 해보기도 전에 안 될 거라고 단정 지어서는 안 된다.

: SIDE NOTE

직장인 91퍼센트가 퇴사 충동을 느낀다는 조사 결과가 있다. 퇴사를 고민하는 요인으로 연봉이 가장 많이 꼽혔지만, 결정적으로 퇴사를 결심하는 가장 큰 요인은 사람이었다. 짜증나는 상사, 밉상인 후배, 이기적인 동료. 회사에는 왜 이리 나를 힘들게 하는 사람이 많은 걸까? 나는 이런 인간관계에 얽힌 문제야말로 정면 승부의 진가가 발휘되는 부분이라고 생각한다. 회사 생활을 통해 그릇을 키운다는 것은 업무 능력의 향상을 뜻하기도 하지만, 인간관계의 도량을 넓힌다는 데 큰 의미가 있다.

도량을 넓히라는 것은 한없이 착한 사람이 되라는 뜻이 아니다. 남을 미워할 때 가장 힘든 사람은 본인이다. 상대를 미워하는 감정은 몸과 마음의 에너지를 소진시킨다. 그럴 때는 차라리 상대의 공격과 비난에 맞받아쳐 싸우려 들지 말고 이해하고 포용하는 자세를 취한다. 안다. 말처럼 쉬운 일은 아니다. 그래도 미운 놈 떡 하나 더 준다는 심정으로 다가가면 결국 상대는 당신 편이 되어줄 것이다. 때로는 시간이 흘러 자연스레 오해와 갈등이 풀어지기도 한다. 회사 생활에서는 협력이 빛을 발한다. 도량이 넓은 사람에게는 많은 사람이 함께하고자 할 것이다.

떠나기 좋은
타이밍은 언제일까?

효율적인 의사 결정에 대해 알려주는 책 《이기는 결정》
에 따르면 사람들은 자신의 일에 '과잉 확신'을 가지고 있
다고 한다. 이상적인 전문가는 결정을 실행할 때는 낙관
론자이지만, 결정을 내리기 전에는 현실주의자다. 그들은
철저히 계산한 후 현실적으로 결정을 내린다. 퇴사할까
말까 망설여질 때 사실 우리가 부러워야 할 대상은 준비
가 된 후 떠난 사람들이다. 그들은 다음에 갈 곳이 명확하
거나 적어도 퇴사 이후의 명확한 플랜을 갖고 있었다. 앞
뒤 안 가리고 떠나면 남아 있는 이들에게 용자로 기억될
수는 있겠으나, 과잉 확신에 대한 책임은 온전히 자신의

몫이 될 것이다.

―― 무조건 잘 해낼 줄 알았습니다. 퇴사 후 자신감과 의지도 강했어요. 시간과 노력만 투자하면 자격증을 취득해서 제가 원하는 기술직 업무를 할 수 있다고 판단했죠. 그런데 6개월이 지난 시점부터 많은 생각이 들기 시작했습니다. 실력이 계획대로 늘지 않았어요. 자격증을 취득하는 게 쉽지 않겠더라고요. 1년 가까이 허비한 시간과 돈이 아까워서 내려놓지도 못하고, 이제 와 개인 사업을 하기에는 자본금이 부족하고, 그렇다고 전처럼 마음에도 없는 일을 다시 하면서 살기는 죽기보다 싫고. 어떻게 해야 할지 모르겠습니다. 퇴사 계획을 나름 잘 세운 줄 알았는데, 대체 뭐가 부족했던 걸까요?

텅 빈 커피숍은 자리가 많다. 아무 곳이나 앉아도 된다고 하니 어느 자리에 앉을지 고민이 시작된다. 햇볕이 내리쬐는 창가? 아늑한 구석? 소파가 편해 보이는 가운데? 어렵게 자리를 잡았어도 마음 한편이 찜찜하다. 괜히 불편한 것 같다. 좀처럼 집중하지 못하고 이리저리 뒤적뒤적한다. 마찬가지다. 공부를 하다 어렵다 싶으면 다른 자격증이 보이고, 창업이나 이직 등 색다른 선택지가 떠오른다. 확실한 기준을 정해두지 않으면 흔들리기 쉽다.

다양한 선택지는 장점이 되기도 하지만, 한편으로 고민거리가 많다는 뜻이기도 하다. 이미 사회생활을 해봐서 하루 종일 앉아서 뭔가를 준비하는 것이 여간 고된 일이 아니다. 포기한 것도 많다. 이전 회사에서 받았던 연봉, 좋으면 좋은 대로 나쁘면 나쁜 대로 동료와 주고받았던 소소한 이야기, 한창 일할 나이에 까먹는 비용 등을 따져보니 집중하는 것이 점점 더 어려워진다. 가족까지 책임져야 할 시기라면 불안은 가중된다.

커리어를 쌓아나갈 시기에 공백기의 방황은 최대한 줄여야 한다. 보통 먼 미래를 생각하며 이 길이 아니라고 여긴다. "앞으로 어떻게 살고 싶어?"라는 질문에 "적어도 이 회사에서 일하는 것은 아니야"라는 대답은 쉽게 나올 것이다. 그러나 실제 퇴사할 때는 그보다 더 깊이 더 구체적으로 내다봐서 대답할 수 있어야 한다. "요리를 좋아하니까 음식 관련 분야에서 내 사업을 하고 싶어. 아직은 그럴 능력이 안 되니까 회사에 더 다녀야 하는데, 직접적으로 많이 배울 수 있는 식품 회사로 이직하려고 해. 요리 동호회 활동도 시작해보고." 선뜻 대답이 떠오르지 않는다면 더 고민해서 생각을 일목요연하게 정리한다.

만약의 상황을 대비해야 한다. 다른 것을 하기로 결심했더라도 그 결심이 무르익기까지 가급적 한 다리는 걸치고 있는 것이 좋다. 예를 들어 이직을 원한다면 다음 회사의 최종 합격 통보를 받았을 때까지는 안심할 수 없다. 갈 곳이 확실히 정해진 후 퇴사 의사를 밝힌다. 2차까지 있는 자격시험을 준비 중이라면 보통 1차 합격 후 몇 번의 2차 시험 기회가 주어질 것이다. 적어도 2차 시험에 한 번은 재직 중에 치러보자. 진정으로 하고픈 일을 찾았더라도 그 일로 먹고살 수 있을지 검증해본 후 퇴사하는 것이 현명하다. 관심 분야의 준전문가가 되고, 그 시장을 어느 정도 안다고 느꼈을 때 떠나는 것이다.

다른 일을 하는 것이 회사 생활에 방해가 될 것 같은데, 오히려 그 반대다. 열정은 전염성이 있다. 열정이 가득한 사람은 무슨 일을 하든 다른 관점에서 즐겁게 할 수 있다. 조금씩이라도 좋아하는 일을 시작하면 회사에서도 그 일에 도움이 되는 부분이 보인다. 내 미래와 관련 없어 보이는 일을 하느라 지옥 같은 회사가 실전 경험의 장으로 변하는 것이다. 열정은 일이 싫다는 감정에 매몰되어 있을 때보다 좋은 아이디어를 샘솟게 해준다. 좋아하는 일을 꾸준히 하는 것은 지친 회사 생활에 활력을 주는 플러스

요소다.

박수 칠 때 떠나라는 말이 있다. **퇴사하기 가장 적절한 시점은 소위 '잘나갈 때'다. 잘나갈 때라는 것은 이곳 말고 다른 곳에서도 내가 매력적이라는 뜻이다.** 여기서 잘하면 다른 곳에서도 잘할 가능성이 크다. 이런 때는 퇴사 후 진로 선택의 폭이 넓기에 여유가 생겨난다. 그리고 그 여유가 그를 더 채용하고 싶게 만드는 선순환이 일어난다.

면접을 볼 때 가급적 스스로 만든 질문을 던져보라고 조언한다. 지원자의 질문은 회사에 대한 관심의 표현이기도 하지만, 입사에 목말라 있는 사람보다 조직을 평가해보는 사람이 더 매력적이기 때문이다. 간절함과 조급함은 한 끝 차이다. 정성이 들어간 간절함은 회사를 움직이는 데 반해, 알 수 없는 조급함이 드러나는 후보자는 불안해 보이고 자신감이 없어 보인다.

회사 생활의 만족도가 올라갈 즈음 그동안 일했던 분야의 깊이를 더하기 위해 다른 길을 가보고자 하는 것은 도약을 위한 변화의 시도다. 그렇게 하는 퇴사라면 찬성이다. '드디어 해방이다!' 하는 단순히 홀가분한 느낌으로는 부족하다. '이전보다 성장한 나'라는 묵직한 선물 정도는 가지고 있어야 한다. 떠날 시기는 보수적으로 판단하자.

더 이상 이곳에서 내가 바라는 삶의 모습을 그릴 수 없다는 점이 확실하다면, 점점 더 매너리즘에 빠지고 게을러질 것이 뻔히 보인다면 떠나야 할 징조다.

헤드헌팅을 해보면 최종 연봉 협상까지 이직하는 데 6개월 이상 소요될 때가 많다. 취업하기 위한 평균 구직 기간은 1년을 넘는다고 한다. 쉽지 않은 취업과 이직, 어떻게 하면 잘 준비할 수 있을까?

/// 주도성 ///

첫째, 당장 원서를 넣는 데 급급하기보다는 의미와 재미를 느낄 수 있는 곳인가를 살핀다. 최대한 자신의 의지를 반영해서 선택한 기업이라야 입사하기까지 모든 준비 과정을 주도적으로 이끌어갈 수 있다.

둘째, 내가 원하는 기업의 조건을 꼼꼼히 알아본다. 최소 연봉, 근무지(출퇴근 시간), 근무 시간, 복리후생, 기업 문화 등 수

용 가능한 범위를 정해놓고, 조건에 만족하는 기업 리스트를 만들어본다. 그리고 그중 맞는 기업들을 집중 공략한다.

셋째, 미리미리 준비한다. 원하는 기업을 일찌감치 정리해서 준비해두면 여유가 생기고 그만큼 합격할 확률도 높아진다. 이직도 마찬가지다. 어떤 기업으로 가고 싶은지, 누구와 어떤 방식으로 일하고 싶은지 생각해두고 언제라도 퇴사할 수 있도록 태세를 갖춘다.

넷째, 일과 사람에 대한 부정적 감정을 컨트롤한다. 거의 모든 이력서 항목과 면접 질문에는 이직(퇴사) 사유가 들어간다. 여기에 이전 회사에 대한 불평불만이 들어가면 결코 좋은 인상을 주지 못한다. 큰 기업이라면 평판 조회를 통해 지원자의 정보를 파악하려고 할 수도 있다. 따라서 억울한 일을 겪었더라도 사유는 앞으로 다닐 회사에 대한 기대나 커리어의 발전적 측면에서 접근해서 쓴다. 불만이 목 끝까지 차올랐더라도 솔직한 것보다는 융통성을 발휘하는 편이 낫다.

/// 적극성 ///

첫째, 나중으로 미루지 말고 용기를 낸다. 취업이나 이직 준비가 어려운 진짜 이유는 '두려워서'다. 알게 모르게 우리의 머릿속에는 '사회생활은 힘들고 새로운 도전은 어려운 것'이라는 인식이 깔려 있다. 무의식이 일을 회피하게 만든다. 일을 미루기 위한 방편으로 스펙 쌓기만 계속하는 것은 아닌지, 변화의 필요성은 인지하면서도 시도하기가 겁나 억지로 꾸역꾸역 다니는 것은 아닌지 자신에게 솔직해질 필요가 있다. 도전이 정직한 길이라면 용감하게 뛰어들어야 한다.

둘째, 직장이 필요한 이유를 적극적으로 만든다. '일하기는 싫지만 취업은 해야 할 것 같으니까'와 같은 마음이라면 적극적으로 준비하기 힘들다. 사업하기 전 경험을 쌓기 위해, 학비를 마련하기 위해, 경력직으로 이직하기 위해 회사를 다닐 수도 있다. 꼭 취업해야 하는 상황이라면 '어쩔 수 없이'가 아니라 '기꺼이'라는 마음가짐이 필요하다. 방향과 이유가 명확하면 무엇이든 할 수 있다. 거칠 수밖에 없는 과정이라면 올인할 수 있도록 이유를 확실히 해둔다.

셋째, 능력을 적극적으로 어필한다. 기업이 알아서 나를 알아주기를 바라서는 안 된다. 막연하게 취업을 해야겠다는 생각으로 원서를 쓸 때는 뻔한 내용으로 빈 칸만 채웠던 나는 가고 싶은 기업을 발견한 후에는 당시 보편적이지도 않았던 동영상 촬영까지 해가며 능력을 어필했다. 당장 채용 계획이 없던 기업이라 바로 채용되지는 않았지만, 그때 지원한 원서가 계기가 되어 인터뷰를 보고 입사 제의까지 받았다. 합격하고 싶다면 할 수 있는 모든 것을 동원해서 필사적으로 어필해야 한다.

넷째, 미처 놓친 정보는 없는지 꼼꼼히 알아본다. 경력 단절 여성이나 중장년층의 재취업의 경우 정보 활용은 특히 중요하다. 정부 지원이나 지자체에서 운영하는 창업 지원 프로그램이나 취업취약층을 위한 취업 서비스를 통해 도움을 받는다. 직접 대면하는 것이 부담스럽다면 재직 중인 현직자가 진행하는 온라인 멘토링을 이용한다.

/// 인내 ///

첫째, 여유를 갖고 임한다. 취업도 이직도 다소 시간이 걸리는 과정이다. 일생의 중요한 선택이므로 쉽게 해버릴 수도 없다. 참고 견뎌야 하는 점을 인정하고 조급하게 마음먹지 않는다. 아무리 매만져도 예쁜 모양이 나오지 않는 애매한 길이의 헤어스타일을 바꾸기 위해서는 머리를 기르는 시간이 필요하다. 마찬가지다. 과정을 참아내지 않으면 변화는 없다.

둘째, 자신감을 키운다. 인내하기에 앞서 '나는 할 수 있다'라고 믿어버리는 것이다. 인내와 자신감은 연결되어 있다. 자신감이 인내할 수 있게 도와주고, 그 인내를 통해 정말 할 수 있게 된다. 수없이 시도해보고 좌절도 해봤겠지만, 그래도 포기하지 않는다. 소중한 가치를 얻기 위해 치러야 하는 대가라 여기고 자신감으로 견뎌낸다.

셋째, 불안을 다스리며 내 속도대로 걷는다. 인생에는 대입, 취업, 결혼, 육아 등으로 이어지는 누군가가 만들어놓은 숙제가 있다. 숙제를 하지 않으면 잘못된 것인 양 주변의 부담스러운 시선과 잔소리가 이어진다. '일'은 숙제다. '지금쯤 취업을 해야 하는데', '남들은 이제 다 자기 일을 찾은 것 같은데' 하는 생각은 인내를 방해한다. 불안에 사로잡혀 있으면 제대로 된 선택을 할 수 없다. 잘못된 선택은 누가 책임질 것인가? 결국 내 몫이다. 인생은 내가 꾸려나가는 것이다. 주변에서 뭐라 하든 내가 정한 속도를 유지하는 것이 관건이다. 다른 사람은 못 기다려도 나는 나를 기다릴 수 있어야 한다.

버릴 것은 버리고,
챙길 것은 챙기고

　직장인 10명 중 7명이 무기력을 느낀다고 한다. 어렵게 들어온 회사는 듣던 대로 전쟁터다. 시원시원한 전쟁터라면 그나마 나을 것 같다. 무기력하고 공허한 전쟁터에서 전투력은 이미 방전된 지 오래다. 무기력의 결정적 원인은 매일 걷는 이 길이 어디로 향하는지 모른다는 것이다. 퇴사는 일단 여기서 가던 길을 멈추겠다는 선포다. '길의 끝'을 나타내는 표지판을 잠시 거는 것이다. 진지하게 퇴사를 결심하면 무기력한 일상에 새로운 공기가 주입된다. 핵심은 목표다. 그만두려는 목표가 생기니 마음가짐이 달라지고 해야 할 일이 보이기 시작한다.

퇴사하기로 결심했다면 무엇부터 해야 할까? 먼저 월급 없이 얼마 동안 버틸 수 있을지 계산해봐야 한다. 적금 만기일, 신용카드 유효 기간, 마이너스 통장 한도, 전월세 계약 만료 시점 등도 꼼꼼히 알아본다. 월급과 4대 보험이 없는 현실은 예상보다 더 혹독할 수 있다. 따라서 당장 사표를 내고 싶은 마음이 굴뚝같더라도 고정적으로 들어오는 수입이 없는 상황에서 최소 3~6개월은 버틸 수 있도록 여유 자금을 마련해두는 편이 좋다. 얼마간의 유예 기간을 주는 것이다. 퇴사 의지가 잠시 느슨해지는 틈에 조금만 더 버텨볼까 생각이 바뀔 수도 있고, 하나라도 더 챙겨서 퇴사해야겠다고 계획할 수도 있다. 책상 정리도 미리미리 한다. 나중에 한꺼번에 치울 생각으로 기약 없이 여기저기 쌓아놓은 물건들을 정리하다 보면 말끔한 기분에 다시 일하고픈 마음마저 들지도 모른다.

'언젠가' 여기를 떠나게 될 테니 그때 준비하자 정도로는 오늘 하루도 버티기 버겁다. 지금 하지 않으면 내일도 하지 않을 확률이 매우 높다. 나를 바꿀 수 있는 것은 미래가 아닌 지금의 나다. 내일 할 퇴사를 지금 하겠다고 다짐해보자. "나는 오늘만 살아"라고 말하는 사람은 정말 내일이 없어도 괜찮은 걸까? 오늘만 살면서 재미를 추구할수록 오히려 더 내일을 준비해야 한다.

데드라인이 다가오면 평소와 다른 생산성을 발휘하거나, 시험 직전 초인적인 암기력이 생긴 경험이 한 번쯤 있을 것이다. 마감 시간을 정하는 것은 지금 하는 일에 집중하게 하는 효과가 있다. 《스물아홉 생일, 1년 후 죽기로 결심했다》의 저자 하야마 아마리는 스스로 1년의 시한부 인생을 선고하고 치열하게 살며 절망적이었던 삶에 살고자 하는 의지가 샘솟는 경험을 한다. 죽음을 인지하고 사는 삶은 진지하다. 버릴 것을 예상하고 정리하면 최선을 다해 활용하고 마무리하게 된다.

'5년 후 옷 가게를 차리기 위해 1년 안에 여기를 그만두고 패션 회사로 이직하겠어!' 마감 시간을 정하고 본인의 계획 하에 움직이는 것과 '오늘도 무사히'를 바라며 막연히 퇴사를 준비하는 것은 큰 차이가 있다. 불합리와 부당함이 가득한 회사라는 조직에서 시키는 대로만 끌려다니는데 한순간에 무기력해지지 않는 게 이상한 일일지도 모른다. '업종은 다르지만 여기서 다양한 사람들과 협업하면서 기획하는 법을 배워두면 내 사업에 도움이 될 거야.' 목표를 정하고 데드라인을 설정하면 현재 일은 회사 일이 아닌 나를 위한 일이 된다. 1년 후, 5년 후의 목표를 생각하면 분발하게 되고, 성장은 점점 가속화된다.

딴짓의 놀라운 효과

수업 시간에 딴짓을 하는 유형은 두 부류다. 그저 수업이 재미없어서 딴짓으로 시간을 때우는 부류와 자신이 세운 목표를 달성하기 위해 아까운 시간을 흘려보낼 수 없어 필요한 것을 몰래 하는 부류. 정직하게 회사 일만 하기에는 불안한 시대다. 직장인 대부분이 업무 외에 딴짓(자기계발)을 한다. 능동적인 딴짓이라면 당연히 찬성이다. 하지만 억지로 하면 안 된다는 게 내 생각이다.

퇴사 다짐과 딴짓의 공통점은 자기 주도권이다. 자기 주도권을 가진 상태에서 커리어 전략을 짜야 한다. 부업을 시작하거나 업무와 무관한 새로운 취미를 만들어도 좋다. 자발적으로 내 일을 어떻게 더 잘할지 그리고 어떻게 확장해나갈지 궁리한다. 회사 없이도 당당한 나를 만들기 위해 혹은 다음 회사에서 충분히 매력을 느낄 만한 나를 만들기 위해 부지런히 오늘을 준비하는 것이다.

직장인 누구나 즐겁게 일할 수 있는 제2의 직업을 꿈꾼다. 퇴사를 다짐하고 회사에 다닐 때 충분히 고민하고 할 수 있는 데까지 해두면 퇴직 후 위험 부담을 안고 새로운 것을 찾을 필요가 없다. 기대되는 미래가 있으니 현재 일을 대하는 자세도 더욱 주체적으로 변하고, 회사 생활에도 활기가 생길 것이다. 이런 변화는 회사 입장에서도 나쁜 일만은 아니다. 무기력에 빠져 시니컬하게 일을 처리하는 직원보다 열성적으로 참여하며 조직에 생기를 불어넣는 직원이 기업의 생산성 향상에도 기여한다. 떠날 수있는 직원이 많은 회사가 잘나가는 회사다. 지금이라도 떠날 준비를 잘해보자.

: SIDE NOTE

"어차피 회사 그만두면 다시 안 볼 사람들인데 뭐. 그동안 꾹꾹 참느라 못 했던 말 다 해버릴 거야. 나가는 마당에 뭘 못하겠어! 아, 생각만 해도 속이 다 후련하다."

퇴근길 지하철에서 퇴사를 앞둔 사람이 친구에게 하는 이야기를 우연히 들었다. 실제로 이렇게 결심하는 사람이 의외로 많은 듯하다. 퇴사할 시점에 상사 및 동료와의 관계를 무 자르듯 정리한다거나, 이제껏 불합리한 대우를 받아왔음을 속

시원히 털어놓으려고 한다. 오죽 답답했으면 그럴까 심정은 충분히 이해한다. 하지만 퇴사할 때 하지 말아야 할 행동 중 하나가 바로 상사 및 동료에게 할 말 안 할 말 가리지 않고 내뱉는 것이다. 사람 일이란 게 어떻게 될지 모른다. 다른 분야로 이직했더라도 업무상 미팅에서 마주칠 수도 있고, 평판이 돌고 돌아 새로운 상사 및 동료의 귀에 흘러 들어갈 수도 있다. 하다못해 퇴사 후 몇 년이 지나서 경력증명서를 요청해야 할 수도 있다. 안 보면 그것으로 끝인 사이가 아닌 것이다. 내 동료 중 한 명은 이직 기간이 길어질 무렵 전 회사의 팀장으로부터 입사 제의를 받았다. 팀장이 퇴사하고 회사를 차렸는데, 같이 일해보지 않겠냐며 연락을 해온 것이다. 팀장 입장에서는 무슨 일을 어떻게 해야 하는지 일일이 설명할 필요 없고, 동료 입장에서는 새로운 사람과 업무 스타일을 맞추느라 애쓸 필요 없으니 서로에게 윈윈win-win인 셈이다. 어차피 그만둘 회사라고 내키는 대로 말하고 행동했더라면 얻지 못했을 기회다.

4장

(언제까지 일할 수 있을지 모르지만)

회사 안에서 앞날을 준비하다

안팎으로 요즘처럼 고용 불안을 호소하는 시기가 없었던 듯하다. 4차 산업혁명으로 직업 생태계는 급속도로 변하고 있다. 당연하게 여겼던 고용 사회가 끝나가고 가뜩이나 심각한 취업난에 있던 일자리마저 줄고 있는 실정이다. 아무리 열심히 회사에 다녀도 언제 퇴사 통보를 받을지 모른다. 시대 흐름을 피할 수 있는 사람은 아무도 없다. 언젠가는 우리 모두 회사라는 조직에 의지하지 않고 스스로 밥벌이를 해야 한다.

다행인 점은 위기는 곧 기회이기도 하다는 점이다. 알리바바 그룹의 마윈 회장은 앞으로 30년 동안 엄청난 변화와 엄청난 일들이 벌어질 것이며 '가장 운이 좋은 기간'이 될 것이라고 했다. 미래 사회를 대비하는 방법은 '나와 잘 맞는 일을 만나는 방법'과 크게 다르지 않다. 우연히 다가온 새로운 일이든 당연하게 주어진 익숙한 일이든 자신만의 색을 입혀 재창조할 수 있는 사람은 미래를 주체적으로 이끌어갈 수 있다.

일하고 싶어도
일할 수 없다?

기업의 평균 수명은 급격히 줄어들고 있다. 세계적인 신용평가기관인 S&P 분석 결과에 따르면 1920년대에 67년이던 세계 500대 기업의 평균 수명이 2015년에는 15년으로 줄었고, 2020년에는 10년으로 줄어든다고 한다. 잘나간다는 기업의 평균 수명이 10년이라니. 게다가 2013년 세계보건기구의 발표에 따르면 한국인의 평균 수명은 2095년에 95.5세다. 한국은 빠르게 노령화되고 있고, 최장수국이 되고 있다. 100세 시대에 한 직장이 개인의 미래를 보장하지 못한다는 사실은 명백하다.

미래를 보장하지 못하는 것은 직업도 마찬가지다. 〈매

경이코노미〉가 선정한 시대별 인기 직업을 살펴보면 1950년대는 흑백 영화에서나 나올 법한 서커스 단원이나 전화 교환원, 타이피스트가 인기가 있었다. 1960년대는 다방 DJ, 버스 안내양이 인기였다. 1950년대부터 2000년대까지 10년을 주기로 발표된 자료에는 겹치는 직업이 하나도 없다. 한 사람이 100세를 사는 동안 수많은 직업이 생겨나고 사라진다.

바야흐로 4차 산업혁명 시대다. 사라지는 직업과 새롭게 생겨나는 직업은 예측이라는 의미가 무색할 정도다. 누구나 할 수 있는 일은 기계로 대체될 것이다. 생각하는 기계의 등장은 인간의 고유한 영역으로 여겨졌던 일자리마저 위협한다. 직업을 가지면 그것으로 끝이라는 생각은 이제 시대와 맞지 않다. 누군가의 말처럼 투잡, 쓰리잡이 아닌 식스잡이 필요한 시대가 되었는지도 모른다.

9시부터 6시까지 정해진 회사 시스템에 맞춰 일하는 모습이 사라지고 당연하게 여겨온 일의 방식이 붕괴되고 있다. 각계각층의 전문가들이 세상의 혁신적인 변화를 이야기하고 있다. 4차 산업혁명은 기존의 혁명을 월등히 뛰어넘는 대변혁이 될 것이며, 결국 이런 변화가 모든 사람의 생활을 근본적으로 바꿔놓을 것이다. 소득과 노동 시간으로 설명되던 일이 개인의 생산성과 균형적인 삶을 중시하는 모습으로 변했다.

카이스트 이민화 교수는 일을 '노동, 업, 놀이'로 분류하고 4차 산업혁명 시대의 일은 미래의 우리를 위한 (창조적이고 의미 있는) '업'이나 현재의 나를 위한 (재미를 느끼는) '놀이' 형태가 될 것이라고 했다. 단순 반복적인 '노동'은 인공지능과 로봇이 담당한다. 일하는 시간은 획기적으로 줄어들 것이다. 과거에는 비슷비슷한 기술로 먹고살기 위해 일했다. 이제는 독창적이고 창의적인 기술로 재미와 의미를 위해 일해야 한다. 근면 성실이 미덕이던 때가 가고 일을 즐길 줄 알아야 하는 시대가 온 것이다.

하지만 막상 주변을 돌아보면 다들 어제와 같은 오늘을 사느라 바쁘다. 아직까지 우리에게는 기계가 내 일을 가져갈 것이라는 위기감보다 최소한의 저녁 있는 삶과 더 높은 연봉을 위한 투쟁이 익숙하다. 일과 재미의 연결은 꿈같은 이야기고, 일에서 의미를 찾겠다는 다짐은 사치스러운 고민 같다. 예전과 달리 자유롭게 시간을 쓰며 돈도 많이 버는 사람이 꽤 있는 것 같은데, 한편에서는 역시 정규직이 최고라 한다. 공무원의 인기와 대기업의 입사 경쟁률은 여전히 어마어마하다. 시대의 흐름에 따라 새로운 도전을 해보자니 겁이 나고, 그렇다고 남들 하는 대로 따라 살자니 그것도 석연치 않다.

미래에 대한 걱정은 처음 일을 시작할 때만 해당되지 않는다. 회사에 있다 보면 문득 불안해진다. '이 일을 언제까지 할 수 있을까?' 퇴근 후 학원을 다니기도 하고, 나이가 들어서도 할 만한 부업은 없는지 알아보기도 한다. 이제 은퇴 후 편안하고 행복한 노후는 핑크빛 꿈이라는 것을 많은 이들이 실감하고 있는 듯하다. 한 일자리 포털 사이트에서 50대 이상 직장인에게 진행한 설문 조사에 따르면 '정년퇴직 후에도 계속 일할 의향이 있다'라고 응답한 사람이 무려 92.2퍼센트로 나타났다. 황혼 아르바이트의 인기가 급증하고 있고, 은퇴 후 새로운 일자리에 지원하는 고령 지원자 재취업 경쟁률도 점점 치열해지고 있다. 100세 시대에 걸맞게 젊고 건강한 노인들이 넘쳐나지만, 그들이 일할 수 있는 기회는 많지 않다. 퇴직 후에는 어떤 일이든 그저 '하는' 것만으로 복이라고 한다.

《직업의 종말》의 저자 테일러 피어슨은 직업의 종말 시대의 올바른 질문은 '어떻게 해야 일자리를 얻을 수 있을까?'가 아니라 '어떻게 해야 일자리를 창출할 수 있을까?'라고 말한다. 이 질문 속에 힌트가 있다. 어쩌면 답은 제

한된 직업 안에 있지 않고 앞으로 무궁무진한 기회를 만들어갈 나에게 있는 것이 아닐까? 퇴직 전의 경험이 은퇴 후까지 이어지는 멋진 시나리오는 아직까지는 소수에게나 가능한 게 현실이다. 그러나 나에게 희망을 걸어볼 수 있다.

창업을 거창하게 생각할 필요는 없다. 마케팅 천재 세스고딘은 시스템을 창출하고 연결하는 것이 창업이라고 정의한다. 직장인이든 공무원이든 창업은 회사 안에서도 얼마든지 이루어질 수 있다. 스스로 비즈니스를 만들어내고 사람과 아이디어를 연결하는 연습을 해보자. 차곡차곡 창업가적 기질을 키운 사람에게 미래는 그렇게 두려운 대상이 아닐 것이다.

문제는
적응력이다

현 시대를 사는 직장인 대부분은 '불확실한 미래와 무기력한 오늘'이라는 숙제를 안고 산다. 소비나 힐링 등 일회용식 달래기로 위안하거나, 다들 그러고 산다며 적당히 타협하는 것은 이미 익숙한 해결 방법이다. 무조건 버티는 게 능사는 아니다. 한 번쯤은 진지하게 상황을 마주하고 스스로에게 질문을 던져봐야 한다. '나는 지금 어디에 있지?' 자신의 위치를 아는 사람은 현재를 기반으로 앞으로 나아갈 방향을 설정할 수 있다. 해야 할 일을 스스로 정의하고 삶을 주체적으로 이끌어간다.

틸리스 커피 재팬의 창업자 마쓰다 고타는 대학을 졸

업할 무렵 대기업에서 내민 악수를 과감히 뿌리친다. 그는 인생의 목적으로부터 계산한 뚜렷한 목표가 있고, 그 목표를 달성한 순간 자신의 모습을 그릴 수 있었기에 대기업의 입사 제의를 거절한 것이 그리 큰 위험으로 다가오지 않았다고 한다. 주체적인 개인은 설 자리가 명확하다. 목적이 분명하기에 길을 잃지 않고, 선택의 순간 사람들에게 휩쓸리지 않는다.

—— 구직 활동에 지칠 때쯤 한 공고가 눈에 들어왔습니다. 직무, 근무 환경, 인재상이 저와 잘 맞는 듯 보였죠. 경력에 도움이 될 것 같은 생각에 지원을 했고, 다행히 서류 전형이 통과되어 면접을 봤습니다. 면접 분위기는 좋았어요. 잘하면 합격할 수도 있겠다 싶었죠. 그런데 한 가지 걸리는 점이 있습니다. 회사 규모가 좀 작은 편이라는 건데요. 작은 회사에 들어가서 내가 기대하는 것만큼 성장할 수 있을까 걱정입니다. 딱히 비전이 없어 보인다고 할까요. 뭘 얼마나 많이 배울 수 있을지도 모르겠고요. 이런 회사에 입사하는 게 나을지 안 하는 게 나을지 갈피를 못 잡겠습니다.

비전이 없는 회사라서 안 간다는 이야기를 종종 듣는

다. 뼈를 묻는 비전은 어디를 가도 기대하기 힘든데 말이다. 입사도 안 한 회사의 비전을 걱정하기에 앞서 미래 시대를 대비한 나만의 비전을 진지하게 고민해봐야 한다. 주인 의식은 나를 중심으로 일을 찾고 주도적으로 일을 해나갈 때 열정과 함께 자발적으로 나온다. 그런 점에서 중소기업은 주인 의식을 갖고 일하기에 좋은 조건을 갖추고 있다. 소규모 조직은 가치를 공유하고 빠르게 성장하는 데 유리하기 때문이다. 독립을 계획하고 있다면 작은 기업에서 멀티플레이어로 일한 경험이 긍정적으로 작용할 수도 있다. 물론 처우 개선이나 기본적인 근로 조건 향상 등 사회적으로 해결해야 할 과제들이 있으나, 개인에 따라 어떤 경우에는 중소기업이 대기업보다 좋은 직장이 되기도 한다.

대기업이나 공기업의 선호가 나쁘다는 것이 아니다. 그동안 연봉이나 안정성 등 보이는 조건에만 매달려 왔다면 '나'라는 사람의 특성에 맞는 조건을 더 따져봐야 한다는 것이다. 리스크가 클수록 얻는 것도 크다. 그럴듯한 회사에 들어가면 성공했다는 소리는 듣겠지만, 어쩌면 나는 그보다 더 큰 성공을 할 수 있는 잠재력을 가졌을지도 모른다. 예측할 수 없는 환경에서는 행동이 관건이다. 실행하고 실험하면서 대응해나가야 한다. 기회가 왔다면 기꺼이 자신을 던져보는 게 좋다. 이번 기회를 잡아야 다음 기회도 열린다.

'물 만난 고기'라는 말이 있다. 물은 물고기에게 최고의 자리다. 그러나 변화무쌍한 환경에서는 물고기가 아닌 거북이가 되어야 한다. 거북이는 육지와 물속에서 살 수 있다. 적합한 환경이 나타나기를 기다리지 말고 내가 있는 자리를 최고의 자리로 만들어야 한다. 어디에 있더라도 독립적으로 살아남을 수 있는 유연한 적응력을 길러야 한다. 보통 이 일을 잘하는 사람은 저 일도 잘한다. 시험을 잘 보는 사람은 이 시험도 합격하고, 저 시험도 합격한다. 이는 어떤 일이냐 어떤 시험이냐 중요한 게 아니라, 일과 공부를 하는 방법과 태도가 중요하다는 뜻이다.

어떤 일이라도 익숙해지면 단조로운 일이 된다. 재미있던 일이 지루해지는 것은 순식간이다. 많은 직장인이 일에서 재미 찾기는 이미 포기한 듯하지만, 이 부분이 바로 남과 다른 차이를 내는 지점이다. 성장은 지루한 일에 변화를 가하면서 만들어진다. "생각 좀 하면서 일해!" 참 듣기 싫은 말이다. 그런데 '생각하면서' 일하는 것에 일 잘하는 비법이 담겨 있다. 아무리 단순 작업이라도 시작하기 전 어떤 방식으로 하면 빨리 할 수 있을지 고민하고, 큰 그림 안에서 차지하는 역할이나 비중을 파악한 후 임하면 재미를 느끼면서 효율적으로 끝낼 수 있다. 적극적으로 생각하며 일하기는 어디서나 통하는 업무 스킬 중 하나다.

남과 다른 플러스알파

알고 보면 수많은 가능성이 곳곳에 숨어 있다. '4차 산업혁명 시대는 문제해결 능력이 높은 창의형 인재를 요구한다', '나만의 창의성을 발휘할 수 있는 부분을 찾아 집중해야 한다' 한 번쯤 들어본 말일 것이다. 하지만 이 말을 실행에 옮기는 사람은 많지 않다. 헬리콥터 맘의 강한 영향력 아래에 있던 세대는 어려서부터 부모의 평가에 비춰 자신을 판단하는 데 익숙하다. 자유로운 선택의 기회를 갖지 못하다 보니 주체적인 나로 사고하는 법을 잊어버렸다. 학력은 높아졌을지라도 주체성과 판단력은 부족해진 것이다. 주체적인 나를 실제 내 삶으로 끌고 들어와 적용하기 위해서는 '나다움'과 '도전'이 필요하다.

어렵게 생각하지 말자. 어느 날 아침 눈뜨면 불쑥 다른 시대가 와 있는 것이 아니다. 새로움은 자연스럽게 삶에 녹아들 것이고, 우리는 적응할 것이다. 수많은 직업이 사라지는 대신 수많은 직업이 생겨난다. 똑같은 모양은 기계가 잘 만들지만, 더욱 강해진 기호와 취향에 따른 개인 맞춤형 서비스에서는 인간이 유리하다. 앞으로는 네모난 틀에 맞추느라 애쓰는 사람보다 울퉁불퉁하든 별 모양이든 자신의 있는 그대로의 모습을 인식하고 드러내는 사람이 인정받을 것이다. 나만이 가진 강점과 색깔을 그 무엇으로도 대체할 수 없는 특별함으로 다듬어야 한다. 자신의 삶과 가치관이 담긴 일이 나다운 일이다.

모두가 하는 같은 일이라도 관심을 쏟는 일은 나다운 일이 되고, 나다운 일에는 다시 애정이 생기는 선순환이 일어난다. 레시피를 아무렇지 않게 공개하는 식당 주인은 레시피만으로 따라할 수 없는 노하우가 있기 때문이다. 도구를 사용할 줄 아는 것과 익숙해지는 것은 다르다. 익숙해지는 과정에서 나의 색이 물든다. 없던 것을 새로 만드는 것만이 창조는 아니다. 늘 하던 일에 새로움을 불어넣는 능력도 창조다. 내 사랑을 먹고 성장한 일은 자연스럽게 창의적이며, 나 외에는 대체 불가한 일로 발전한다.

왕에게서 새 왕관이 순금으로 만들어졌는지 확인하라는 명령을 받은 아르키메데스는 목욕탕에서 넘치는 물을 보고 '유레카'를 외친다. 그 후로 유레카는 갑자기 떠오른 기발한 아이디어를 가리키는 말이 되었지만, 사실 아르키메데스의 유레카는 하루 종일 그 생각만 하느라 밥도 제대로 먹을 수 없었던 그가 얻은 숙고의 결과물이다. 창조는 순간적으로 떠오른 번뜩이는 생각에서 나오는 것뿐 아니라, 오랜 시간 머리 아프도록 해왔던 고민으로부터 생겨난다.

창조는 편집이라는 《에디톨로지》를 쓴 김정운 교수는 기존의 것들을 자신만의 관점으로 편집하는 것이 에디톨로지editology의 핵심이라고 설명한다. 검색하면 거의 다 찾을 수 있는 세상에서 정보의 양은 더 이상 중요하지 않다. 정보와 정보를 남들과는 다른 방식으로 엮어 결합하는 것이 관건이다. 또한 결합뿐 아니라 주류에서 벗어나 다른 시장을 개척하는 것도 창조다. 《어제처럼 일하지 마라》의 저자 제레미 구체는 특정한 집단에게 거부할 수 없는 무언가가 되는 것, 치명적인 단점을 독보적인 장점으로 탈바꿈하는 것도 창조라고 강조한다. 단점과 결핍은 남들이 미처 보지 못한 점을 발견하게 하는 창조의 도구가 된다. 자신만의 관점으로 많은 것을 경험해온 우리는 창조가적 기질을 가지고 있다. 거기에 더해 시대의 흐름을 읽고 자신만의 관점으로 해석한 새로움을 소개할 수 있다면 우리 모두 혁신적인 크리에이터가 될 수 있다.

일하는 방식
새롭게 디자인하기

부자가 되는 지름길을 소개한 엠제이 드마코의 《부의 추월차선》은 고용 사회의 불안과 맞물리며 전 세계적으로 추월차선 열풍을 일으켰다. 세상은 빠르게 부를 획득하기 위해 그리고 몰입할 수 있는 일을 하기 위해 서둘러 노예의 굴레를 벗어던지라고 부추긴다. 어딘가에 소속되어 일하는 것은 시대의 흐름을 역행하는 듯하다. 사무실 책상에 앉아 세상 돌아가는 모습을 보자니 생각이 많아진다. 여기서 버티는 게 능사는 아닌 것 같다. 역시 퇴사만이 답일까?

일의 방식은 노동 유형이 아닌 삶의 방식으로 봐야 한

다. 삶의 방식은 개인성에 달려 있다. '한번 사는 인생, 돈도 크게 벌고 내 사업 하나쯤 해봐야지', '아니야. 안정적인 직장이 최고지. 사업은 위험해' 내 안에서 하는 이야기인가 아니면 남들의 이야기인가? 누구나 자유 시간을 누리며 적게 일하고 돈은 많이 벌면 좋겠다고 여길 것이다. 그러나 원하는 모든 것을 한 번에 충족할 수는 없다. 장점뿐 아니라 단점까지 구체적으로 따져보고 나에게 맞는 방식을 찾아야 한다.

막연한 자유를 통제할 수 없다면 적당히 규제를 가하는 회사 생활이 활력을 줄 수 있다. 보통 직장인은 버티면 월급이 주어지는 데 반해, 사업가는 그냥 버텨서는 위기를 피할 수 없다. 본인이 리스크를 감수할 능력이 있는지 혹은 버티기에 자신이 있는지를 살펴봐야 한다. 성장 의지가 강하고 변화에 적극적이라면 사업가가 괜찮다. 하지만 안정을 추구하고 성실함이 강점이라면 직장인이 어울린다. 성향에는 좋고 나쁨이 없다. 잘 운영되는 사업은 언제 쫓겨날지(혹은 나가고 싶을지) 모르는 회사보다 더 안정적이다. 잘나가는 직장인은 잘 안 풀리는 사업가보다 형편이 낫다. 결국 개인이 어떻게 하느냐에 따라 달라진다.

스타트업과 대기업을 비교하면 물어볼 것도 없이 대기

업일까? 절차에 따라 차근차근 진행하는 게 편하다면 대기업이 맞을 수 있고, 자유로운 분위기 속에서 창의적인 소통을 즐긴다면 스타트업이 적합할 수 있다. 당장의 연봉은 여러 가지 비교 요건 중 하나일 뿐이다. 시공간의 제약 없이 일하는 디지털 노마드를 꿈꾸는 사람도 있고, 일과 사생활을 분리해서 쉴 때는 일 생각을 안 하고 싶은 사람도 있다. 막중한 책임감이 요구되는 일보다는 쉽고 단순한 일을 하며 편안함을 느끼는 사람도 있다. 남들은 어떻게 사는지 눈치를 볼 필요 없다. 내가 원하는 라이프스타일을 추구하는 것이 먼저다. 굳이 비교하자면 시대에 맞는 방식보다 나에게 맞는 방식이 더 좋다.

프리랜서가 살아남는 법

모처럼 휴가를 내고 가로수 길을 갔을 때 내 또래의 사람들이 잔뜩 나와 놀란 적이 있다. '회사 안 가는 사람이 이렇게나 많나?' 그때만 해도 멀끔한 정장에 사원증 하나는 목에 걸어줘야 소위 '잘나가는구나'라고 생각했다. 지금은 시대가 바뀌었다. 무채색 티에 청바지를 입은 사람이 왠지 더 성공한 사람인 듯하다. 평일 낮 커피숍에 앉아 따사로운 햇살을 받으며 뭔가에 몰두하는 사람이 부럽다.

나도 프리하게 일하고 싶다!

거대 조직체에서 벗어나 자신의 미래를 스스로 책임지는 독립 노동자의 시대를 예견하여 화제가 되었던 다니엘 핑크의 《프리에이전트의 시대가 오고 있다》가 국내에 출간된 것은 2001년이다. 최근 서울의 주요 자리 건물마다 위워크WeWork 간판이 붙어 있는 것을 보며 그의 예견을 비로소 실감했다. 위워크는 창업자나 1인 기업, 프리랜서들에게 유용한 코워킹 플레이스다. 세계적인 경제 전문지인 〈이코노미스트〉에 따르면 10년 후에는 세계 인구 절반이 프리랜서로 살아갈 것이라고 한다.

프리랜서는 대개 자신이 원하는 시간에 원하는 방식으로 일한다. 그렇다. 모두가 꿈꾸는 자유. 돈을 많이 벌고 싶어서, 조직 생활이 맞지 않아서, 내 프로젝트를 진행하고 싶어서 프리랜서가 되겠다는 사람들이 의외로 많다. 그러나 좋아하는 일을 찾을 때와 마찬가지로 좋아 '보이는' 부분만 봐서는 안 된다. 내 마음대로 쉴 수 있다고 생각하지만, 주말에도 쉬지 못하고 일하는 경우가 허다하다. 의뢰받은 업체에 맞춰 함께 움직여야 할 때가 있는가 하면, 여러 일이 한꺼번에 몰려 밤샘 작업을 할 수도 있다. 흔히 생각하는 자유는 어느 정도 기반을 갖추고 시스템을 만들어놓은 후에야 가능한 것이 보통이다.

말이 좋아 프리랜서지 굶어 죽기 딱 좋다는 이야기를 들은 적이 있다. 회사에서는 자리만 지키면 꼬박꼬박 월급이 들어왔는데, 프리랜서는 일하는 시간 외에는 누구도 돈을 주지 않는다. 프리랜서 대부분은 일하지 않을 때 아무런 수입이 없는 불안을 감수해야 한다. 실패를 원하는 사람은 아무도 없을 것이다. 그러나 철저한 분석과 끈질긴 노력 없이 성공하기란 어렵다. 어쩌면 몇 번의 시행착오를 겪어야 할 수도 있다.

《프리에이전트의 시대가 오고 있다》에서는 프리에이전트를 프리랜서로 일하는 단독업자, 한시적으로 조직에서 일하는 임시직, 5인 이하 초소형 사업체로 분류한다. 임시직이 전문성과 프로페셔널을 상징하는 나라도 있지만, 아직까지 우리나라는 정규직이 최고라는 정서를 가지고 있다. 4대 보험을 내는 근로자라야 안심이다. 사회생활을 할수록 복리후생이나 퇴직연금 등이 무시할 수 없는 유용한 제도라는 점을 실감하게 된다. 그래도 변화는 오고 있다. 더 이상 예전의 모습대로 지금 시대를 살아갈수는 없을 것이다. 변화가 두렵다고 버틸 수만은 없는 노릇이다.

일은 생계가 걸려 있다. 고객을 책임지기 이전에 자신을 책임질 수 있어야 한다. **조직을 벗어나기 이전에 자기 자신을 표현할 수 있을 만큼 성숙한지, 성공을 정의할 수 있는지, 자유를 감당할 수 있는지를 냉정히 돌아봐야 한다.** 이러한 조건을 충족시킬 만큼 성장했거나 적어도 스스로 충족시킬 자신이 있을 때 조직을 나와야 한다. 준비는 빠를수록 좋다. 무작정 자유로운 영혼을 부러워하기 전에 독립할 준비를 하자. 시대에 뒤처지는 것은 아닌지 불안해할 시간에 오늘의 경험을 착실히 내 것으로 만드는 게 현명하다.

'나'라는 브랜드를
키운다는 것

기업들은 매해 '생존'을 생각한다. 계속해서 발전하지 않으면 도태될 수밖에 없기 때문이다. 조직 내 개인도 마찬가지다. 조직을 벗어나 개인으로서 독립하고 싶다면 더더욱 '생존 경영'을 생각해야 한다. 새로운 시도와 창의적 마인드는 일에서 재미와 의미를 만들어갈 우리 모두에게 필요한 역량이 되었다.

링크드인의 공동 창업자이자 이사회 의장인 리드 호프먼은 변화된 진로 환경에서는 모두가 스타트업이 되어야 한다고 강조한다. 회사에 다니든 사업을 하든 전문가 근성과 기업가 정신이 필요해졌다. 누구나 자신의 영역에서 전문가가 되어야 한다. 제시된 정보를 빠르게 습득하고 통합하는 문제해결 방식과 자신의 분야를 끊임없이 개발하는 전문가적 특성을 길러야 한다.

조직에서 몇 년간 성실히 일하면 일 잘한다는 소리를 들을 수도 있고, 그 분야의 전문가로 인정받을 수도 있다. 그러나 회사를 벗어나면 사라지는 것이 전문성이다. 많은 은퇴자가 이로 인한 어려움을 호소한다. 10년 이상 쌓아온 전문성도 회사를 나오니 아무 쓸모없더라는 것이다. 어디 어디 위치까지 올라갔던 사람이 퇴직 후에는 할 수 있는 일이 없어 방황한다는 이야기를 자주 듣곤 한다.

회사 생활에 충실하되 늘 회사 밖을 염두에 두어야 한다. 당장 나갈 생각을 하라는 말이 아니다. 조직에 있더라도 직접 세상을 상대로 일하는 마인드로 경쟁력을 키워야 한다는 뜻이다. '나의 고용주는 회사가 아닌 나'라는 마음가짐으로 나를 키우기 위한 새로운 시도와 발전을 도모해야 한다.

헤드헌팅을 하며 꽤 오래전부터 느꼈던 것은 소위 고학력 고스펙자들이 기대하는 바를 충족하는 회사를 찾기가 더 힘들어졌다는 것이다. 투자한 시간과 돈, 노력을 고려하면 그에 따른 처우를 바라는 것이 당연하다. 하지만 사회는 서류에 적힌 글자가 아닌 실제 실력을 보여주기를 원한다. 규격화된 표준의 시대가 가고 차별화와 특화의 시대가 온 것이다. 넘버원보다 온리 원Only One이 되어야 한다. 영혼 없이 쌓은 스펙이 아닌 욕망에 충실할 때 발휘되는 진짜 실력으로 승부해야 한다.

기업가 정신은 '나'라는 브랜드에 대한 도전이고 투자다. 기업가 정신을 가지고 일했던 사람은 조직이 사라지더라도 두렵지 않다. 회사라는 테두리를 크게 의식하거나 조직에 전적으로 의존하지 않았기 때문이다. 능력 있는 자가 퇴사도 잘하는 것이 현실이다. 회사가 무너져도 살아남을 사람은 살아남는다. '여기 아니면 나를 써줄 곳이 있겠어?'라는 생각이 든다면 지금부터라도 전문가 근성으로 무장한 기업가 정신을 만들어나가야 한다.

무엇이 우리를 일하게 만드는가?

개인과 세상의 소통이 자연스러워졌다. 요즘은 웬만하면 SNS 계정 하나쯤은 다 가지고 있다. 재야의 고수도 마음만 먹으면 세상 밖으로 나올 수 있다. 블로그나 브런치와 같은 글쓰기 플랫폼 및 동영상 공유 서비스 발달은 개인이 큰 힘을 들이지 않고도 자신을 홍보하고 재능을 펼

칠 수 있는 공간이 되어준다. 이미 많은 직장인이 이런 툴을 활용하여 자신의 영역을 확대하고 있다. 소셜 멘토링 사이트를 통해 현직자로서 일대일 취업 멘토링을 해주기도 하고, 커리어와 관련된 다양한 경험담을 기록하고 판매하기도 한다. 홀로 일하기 전에 일찌감치 다양한 방식의 일을 물색하고 시도하면 퇴사할 때 어느 정도 입지를 다지고 나올 수 있다.

하는 일을 그만두지 않고도 다른 분야로의 도전도 가능하다. 방송하는 의사, 식당을 운영하는 연예인, 책을 쓰고 그림을 그리는 직장인 등 여러 개의 직업을 가지고 있는 사람이 많고, 앞으로는 더욱 많아질 것이다. 물론 개인을 브랜드화하여 수익을 내기까지 긴 시간이 걸릴 수도 있다. 하지만 일을 하다 보면 '이제 사회가 나를 필요로 하는구나' 하는 느낌이 들 때가 있다. 그때 문을 두드리면 하나의 기회가 또 다른 기회를 만든다. 거창하게 사업을 시작하지 않더라도 사회의 요구를 수용하며 조금씩 본인의 영역을 확장시켜 나갈 수 있다.

자신만의 강점을 이용해 차별화할 수 있다면 일하는 방식의 다양화는 더 많은 기회로 바뀐다. 개인마다 고유한 특성을 가지고 있다. 모두의 성격과 성향이 다를뿐더러 좋아하는 일, 잘하는 일도 다르다. 그것을 조합하는 방법도 수만 가지다. 특성을 어떻게 버무려 나의 일을 구축해나갈지를 끊임없이 고민해야 한다.

누구에게나 미래는 막연하다. 눈앞에 어떤 상황이 펼쳐질지 모른다. 대다수의 사람은 어두우면 돌아 나오려고 한다. 그런데 진짜 답은 어두운 곳, 내 안의 깊숙한 곳에 있다. 알고 있던 것도 의미를 부여하면 다르게 보인다. 의미를 발견하면 독창성과 같은 나만의 것이 생겨난다.

일과의 관계에서 주도권을 쥐고 있어야 한다. 퇴사도 이직도 떠밀리듯 하지 말자. 나의 커리어맵을 놓고 주체가 되어 선택해야 한다. 변화하는 세상 속에서 나의 위치를 끊임없이 점검하고, 언제라도 퇴사 가능한 프로페셔널이 되는 것. '언제까지 일할 수 있을까?'라는 질문에 당당히 '내가 하고 싶을 때까지'라고 답할 수 있어야 한다.

"10년 동안 일하다 보니 꿈이 하나 생겼습니다. 좀 더 좋은 보도를 하자. 그래서 저는 사표를 냈습니다."

탐사 보도를 하는 어느 기자의 말이다. 회사도 꿈이 생기는 공간이 될 수 있다. 천직은 먼 미래가 아니라 지금 실행 중인 업業이다. 진로는 늘 현재진행형이다. 멈춰 있는 듯해도 길 위에 있기 때문이다.

미래를 위해 죽어라 일하며 돈을 모으던 과거와 달리 지금은 먼 훗날의 보상을 위해 현재를 희생하지 않는다. 워라벨을 추구하고 삶의 질을 중시하는 이들을 보며 일의 의미를 찾고 회사 생활을 가치 있게 만드는 법을 발견하는 것이 얼마나 중요한지 다시금 깨닫는다. 일과 삶의 균형 잡기는 정시 퇴근과 휴가 보장의 차원을 넘어 일 속에서 나를 찾을 때 훨씬 쉬워진다.

가장 단순한 것, 눈에 보이는 것부터 하면 된다. 똑같은 하루에 꿈 하나를 추가하는 것이다. 부자연스러운 꿈은 나답지 않으므로 억지로 만들 필요가 없다. 불확실한 선택을 최고의 선택으로 만들기 위해 노력하고, 후회 없는 회사 생활을 위해 현재 최선을 다하며, 언젠가 마주하게 될 퇴사 또한 즐거운 마음으로 기대할 수 있다면 그것으로 족하지 않을까? 서서히 만들어진 목표, 선입견과 환상보다는 먹고살기 위해 일해야겠다는 현실적인 자세, 사소한 것이라도 지나치지 않고 얻어낸 기회, 또 다른 꿈을 위해 숨 고르기 하며 흘리는 땀방울. 이 모든 것이 내가 생각하는 일터 안의 꿈이다.

무작정 퇴사하지 않겠습니다

초판 1쇄 발행 2019년 6월 20일

지은이 김경진
펴낸이 이지은
펴낸곳 팜파스
기획편집 임소연
디자인 어나더페이퍼
마케팅 정우룡, 김서희
인쇄 범선문화인쇄

출판등록 2002년 12월 30일 제10-2536호
주소 서울특별시 마포구 어울마당로5길 18 팜파스빌딩 2층
대표전화 02-335-3681 팩스 02-335-3743
홈페이지 www.pampasbook.com | blog.naver.com/pampasbook
페이스북 www.facebook.com/pampasbook2018
인스타그램 www.instagram.com/pampasbook
이메일 pampas@pampasbook.com

값 13,000원
ISBN 979-11-7026-247-3 (03320)
ⓒ 2019, 김경진

이 도서의 국립중앙도서관 출판예정도서목록(CIP)은 서지정보유통지원시스템 홈페이지(http://seoji.nl.go.kr)와 국가자료공동목록시스템(http://www.nl.go.kr/kolisnet)에서 이용하실 수 있습니다.(CIP제어번호: CIP2019020330)